Claudia Haarmann

Der Schmerz verlassener Eltern

Claudia
Haarmann

Der Schmerz verlassener Eltern

Kontaktabbruch als emotionales Erbe verstehen und Wege damit umzugehen

KÖSEL

Über die Autorin

Claudia Haarmann, geboren 1951, arbeitete lange als freie Journalistin und ist heute Heilpraktikerin für Psychotherapie. Schwerpunkt ihrer Arbeit sind die Bindungs- und Beziehungsdynamiken in Familien und deren Auswirkungen im Erwachsenenalter. Sie berät heute Eltern und erwachsene Töchter und Söhne, die sich mit familiären Kontaktabbrüchen auseinandersetzen. Ihre Bücher *Mütter sind eben Mütter* und *Kontaktabbruch in Familien* sind erfolgreiche Longseller.

www.claudia-haarmann.de

MIX
Papier | Fördert gute Waldnutzung
FSC® C014496

Penguin Random House Verlagsgruppe FSC® N001967

2. Auflage 2025

in der Penguin Random House Verlagsgruppe GmbH,
Neumarkter Str. 28, 81673 München
produktsicherheit@penguinrandomhouse.de
(Vorstehende Angaben sind zugleich
Pflichtinformationen nach GPSR)

Umschlag: FAVORITBUERO, München
Umschlagmotive: Eric Isselee / Shutterstock.com
Redaktion: Dr. Daniela Gasteiger
Satz: Satzwerk Huber, Germering
Druck und Bindung: GGP Media GmbH, Pößneck
Printed in Germany
ISBN 978-3-466-34821-3

www.koesel.de

Gewidmet meiner großen Freude
für Linus und Nathan

»Bewusstsein gibt uns die Freiheit, eine Wahl zu treffen.«

Moshé Feldenkrais

Inhalt

Einleitung

Die glückliche Familie ist wie ein Phantom, nach dem man sucht. Nichts wünschen wir uns mehr als ihren Zusammenhalt und ein freundliches, liebevolles Miteinander, eine Familie als einen Ort, der Sicherheit gibt. Das ist eine menschliche Sehnsucht, und dieser Wunsch wird angesichts der Katastrophen um uns herum noch verstärkt. Die Realität ist anders. Familie steht oftmals für Konflikt, es wird geschimpft, beklagt, geschwiegen und geweint und sogar das Miteinander aufgekündigt.

Vom eigenen Kind verlassen! Nie hätte man sich das ausmalen können. Wohin mit all dem Schmerz, mit all den unbeantworteten Fragen? Für Sie, als Mutter oder Vater, die das betrifft, ist dieses Buch geschrieben.

Entgegen der landläufigen Meinung handelt es sich bei dieser Kündigung von Töchtern und Söhnen nicht um Familien, in denen erschreckende Zustände vorherrschen. Kontaktabbrüche treffen Menschen »wie du und ich«, Familien »wie deine und meine«. So ein heftiger Konflikt trifft Freunde und Verwandte, Nachbarn und Bekannte, er findet sich überall.

Es gibt natürlich Familien, in denen Missbrauch, Gewalt, massive Vernachlässigung und Entwürdigungen zum Alltag gehören, Atmosphären und Situationen, bei denen es den erwachsenen Kindern angeraten ist, die Familie zu verlassen. Über diese Familien schreibe ich nicht. Das ist ein eigener Bereich. Ein Kind, das im

Elternhaus bedroht worden ist und sich weiterhin bedroht fühlt, muss diese Zäsur machen. Um schwerwiegende psychische Erkrankungen in einer Familie kann es an dieser Stelle auch nicht gehen.

Ich schreibe vielmehr über die Fälle, bei denen junge Erwachsene das Gefühl haben: Ich leide unter einem emotionalen Mangel, bekomme nicht das, was ich brauche, oder ich bekomme von etwas zu viel, was ich gar nicht möchte. Man würde sich wundern, wie »normal«, im Sinne von bekannt, es in den betroffenen Familien zugeht. Die Kommunikation spielt dabei eine große Rolle, sie ist oft schwierig, es gibt viel Unausgesprochenes und meist läuft sie schon lange auf kleiner Flamme und verebbt dann ganz. Und das ist, wie Sie sehen werden, keine vereinzelte Problematik, sondern eine Wahrheit, die einen erstaunlich großen Teil der Gesellschaft betrifft.

Seit dem Erscheinen meines Buches über Mütter und Töchter im Jahr 2008 werde ich mit Anfragen, mit Briefen, die von Familienzerwürfnissen berichten, überflutet; es sind verzweifelte und traurige Berichte, aber auch wütende. Seit dieser Zeit berate ich fast ausschließlich Eltern aus allen gesellschaftlichen Schichten und erwachsene Kinder, die sich mitten in diesen Konflikten befinden. Diese erwachsenen Kinder melden sich, weil auch für sie das Ganze überaus schmerzhaft und problematisch ist, aber die Gespräche mit den Eltern sind in ihrer Verzweiflung und Hilflosigkeit bedrückend. Hunderte an Gesprächsnotizen aus meinen Beratungen sind die Grundlage dieses Buches.

In erster Linie sind es Frauen, also betroffene Mütter und Töchter, die sich an mich wenden. Männer melden sich selten, anteilig sind es etwa 10 Prozent, die bei mir Unterstützung suchen. Vor allem den älteren Männern fällt es immer noch sehr schwer, über sich oder über emotionale Themen zu sprechen. Eine Tatsache, die natürlich einen Einfluss auf dieses Buch hat, es wird häufiger um Berichte von Frauen gehen.

Erstaunlich ist, dass es keine wissenschaftlichen Studien, wenig Literatur gibt, die die Hintergründe der Kontaktabbrüche untersuchen, vor allem nicht, was das Erleben der verlassenen Eltern betrifft. Und so habe ich mit diesem Buch versucht, meine Erfahrung, meine Gedanken und Erkenntnisse zu bündeln, um die Ursachen des Zwistes zu ergründen. Geleitet wurde ich dabei von dem Satz, der mich seit Langem begleitet und den Moshé Feldenkrais formuliert hat: »Bewusstsein gibt uns die Freiheit, eine Wahl zu treffen.« Meine Überzeugung ist: Wenn man ein Handwerkszeug hat, mit dem man die Familiendynamik aus einem gewissen Abstand sehen kann, wenn ein Erkennen der Hintergründe möglich ist, wenn das ganze Familienbild deutlich wird, dann erst entsteht eine Idee, warum dieser Schmerz die eigene Familie trifft. Erst damit taucht die Möglichkeit auf, etwas zu verändern. Die vielen ungelösten Fragen erfahren Antworten, das Gedankenkarussell hört auf, sich zu drehen.

Eine Information ist mir bei alldem wichtig. Das erwachsene Kind, das einem den Rücken zukehrt, wird nicht mehr zu verändern sein. Eine Änderung der Einstellung und des Verhaltens kann erst einmal nur bei den betroffenen Eltern selbst beginnen. Jeder Blick auf sich selbst, jedes Erforschen des eigenen Anteils, jede Erkenntnis über die Familiendynamiken verändert die Perspektive auf den Konflikt. Das ist aus meiner Erfahrung die realistische und gangbare Möglichkeit, die die verschlossene Tür zwischen den Generationen wieder öffnen kann. Dieses Buch zeigt, dass das kein Wunsch ist, sondern der Weg dahin.

Ich würde mir wünschen, dass dieses Buch Ihnen dabei hilft, mit dem Schrecken und dem Schmerz besser umgehen zu können, dass die Familiendynamik deutlicher wird. Und vielleicht kann das, was Sie als Ursache irgendwie schon ahnten oder wussten, mehr an die Oberfläche kommen. So, als würde ein Vorhang zur Seite gezogen, und man kann jetzt das ganze Bild, das vorher verschwommen war, genauer sehen. Dazu gehört auch zu erkennen, dass die gute Beziehung zwischen Eltern und Kind gelernt und selbst erlebt sein will, bevor sie weitergegeben werden kann. Eine nach heutigem Kenntnisstand stimmige Bindung hätte Vorbilder gebraucht. Und so kann die Frage nur heißen, was hat die Beziehungsfähigkeit der Elterngenerationen beeinflusst, dass dieses erhoffte Glück so brüchig ist? Dieser Frage werde ich in diesem Buch nachgehen. Vielleicht tut es aber auch gut, von anderen Betroffenen zu hören und Parallelen zu entdecken. Denn eines ist sicher, Sie sind mit dem Thema nicht allein. Mehr und mehr Familien sind davon betroffen.

Nicht alle Fragen können hier beantwortet werden. Dazu gehört das sehr kontrovers diskutierte Thema: Sind die erwachsenen Kinder ihren Eltern etwas schuldig? In der Bedeutung des Wortes »schuldig« steckt so etwas wie »haftbar sein« oder »Schulden einlösen« müssen. Ich glaube, ob und was man den Eltern zurückgeben möchte, ist sehr persönlich. Jede Tochter, jeder Sohn wird für sich entscheiden müssen, was sie, er als angemessen empfindet. Dankbarkeit ist nichts, was man einfordern könnte. Dankbarkeit ist eine Resonanz auf das, was man bekommen hat. Das kann auch das Lebensgeschenk sein.

Manchmal beschäftigt erwachsene Kinder, die über viele Jahre keinerlei Kontakt zu ihren Eltern hatten, diese Frage sogar. Denn mit dem Gedanken, dass Kinder den Eltern etwas schuldig sind, ist man groß geworden, und lange Zeit galt er als gesellschaftliche und christliche Norm. Für mich ist es keine Frage, auf die es eine grundsätzliche Antwort geben kann, sondern jedes Kind, gleich welcher Generation, wird sie für sich lösen müssen.

Ein anderes Thema, das nicht behandelt werden kann, sind Kontaktabbrüche als Folge von Trennung der Eltern. Dann, wenn Kinder oder Jugendliche sich für einen Elternteil entscheiden müssen oder sollen. Ich höre Fälle, wo Minderjährige gegen den Vater oder die Mutter manipuliert werden. Mit dem Kampf der Eltern entsteht ein Klima von der »gute Papa und die böse Mama« oder die »gute Mama und der böse Papa«. Die Entfremdung des Kindes ist für den verlassenen Elternteil katastrophal, aber der Konflikt geht in erster Linie die Eltern an, es ist nicht die ursprüngliche Entscheidung der Kinder.

Ich schreibe ausschließlich über Familienkonstellationen, bei denen sich die erwachsenen Kinder aus emotionalen und psychischen Beweggründen von ihren Eltern distanzieren. Mir ist bewusst, und das möchte ich nicht unerwähnt lassen, dass sich aktuell junge Erwachsene von ihren Eltern zurückziehen, weil sie die Elterngenerationen für den Zustand der Welt verantwortlich machen. Sie haben berechtigte Zukunftsängste, was die klimatischen und ihre persönlichen wirtschaftlichen Lebensbedingungen betrifft. Themen, denen wir Eltern uns sicherlich auch stellen müssen.

Wenn ich hier in diesem Buch von Eltern spreche, dann betrifft das eine große Altersspanne. Frauen und Männer ungefähr zwischen fünfzig und über neunzig Jahre sind die Zielgruppe, entsprechend ist das Alter ihrer Kinder. Es geht also um mindestens zwei Elterngenerationen. Ich beschreibe persönliche und gesellschaftliche Entwicklungen, die auf die Menschen und ihre Beziehungen Einfluss haben. Es erhebt keinen Anspruch darauf, ein vollständiges Generationenbild zu sein, meine Erkenntnisse basieren auf meinen Daten und Beobachtungen im Abgleich mit der aktuellen Literatur. Die Erfahrungen und Lebensumstände dieser Altersgruppen sind, wie wir sehen werden, fließend. Was für den einen noch gilt, ist für den anderen schon nicht mehr relevant. Also nehmen Sie, verehrte Leserin, verehrter Leser, das, wo Sie sich wiedererkennen. Und so sind Begriffe wie die »Jungen« in Abgrenzung zu den »Alten« und »Älteren« als dynamisch zu verstehen.

Eine junge Probeleserin hat mich nach der Lektüre der ersten Kapitel erstaunt gefragt: »Ja, sollen jetzt die Eltern die Armen sein?« Ja, genau. Es ist an der Zeit, dass anerkannt wird, was die Elterngenerationen im Gepäck haben. Zu dem Vorgängerbuch *Kontaktabbruch in Familien*, bei dem es im Wesentlichen um die Perspektive der Kinder geht, stellen Töchter und Söhne oft die Frage: »Könnte ich das Buch wohl meinen Eltern schenken? Meinen Sie, meine Eltern würden mich dann besser verstehen?« Die Frage beantworte ich mit einem klaren »Ja«. Wenn mich jetzt Eltern fragen sollten, ob sie dieses Buch ihren Kindern, die sie verlassen haben, schenken können, ist das »Ja« ebenso deutlich. Meine Bücher geben keine Tipps, sondern ich glaube an die Veränderung durch Empathie und gegenseitiges Verständnis.

Auch wenn sich die Lebensgeschichten aufgrund der deutschen Teilung unterscheiden, ist Kontaktabbruch in meiner Wahrnehmung ein Thema in der gesamten Republik. Und so werden Sie viele konkrete Schilderungen und Zitate von Beteiligten aus allen Bundesländern lesen, und es ist ein Geschenk, dass Mütter und Väter bereit waren, offen über ihr Leben zu sprechen. Ihnen gilt mein ganzer Dank! Dabei ist das, was sie ausdrücken, sehr durchdacht. Das ist nicht zufällig so, denn die Not aller vom Kontaktabbruch Betroffenen veranlasst eine Reflexion über das, was geschehen ist. Alle, die hier zu Wort kommen, willigen einer Veröffentlichung nicht nur ein, sondern sie tun es, um anderen Eltern zu helfen. In den Berichten werden Sie, als Leserin, Leser, Ihr Eigenes erkennen und sie werden Ihnen zeigen: Sie sind mit all dem Kummer nicht allein. Immer sind die zu Wort Kommenden und ihre Familien durch eine Anonymisierung der persönlichen Daten geschützt.

Essen, im Juli 2024
Claudia Haarmann

Kapitel 1: Zwei Welten, von denen die Eltern glaubten, es sei nur eine

Im August 2023 wurde ich von der *Berner Zeitung* zum Thema »Kontaktabbruch in Familien« interviewt. Der Titel des Artikels lautet: »Mama, ich will dich nicht mehr sehen«[1]. Er beginnt auf eine Weise, die jede betroffene Mutter, jeder betroffene Vater sofort versteht:

> *»In Bern trifft sich regelmäßig eine Selbsthilfegruppe für verlassene Eltern. Für viele ist eine Frage zentral: War ich wirklich so schlimm? Beim letzten Treffen seiner Selbsthilfegruppe hat Simon Haller (Name geändert) eine Frage in die Runde geworfen. ›Wie oft denkt ihr an sie? An die Kinder, zu denen ihr keinen Kontakt mehr habt?‹ Einer der Anwesenden habe gesagt: Ständig. Eine andere: 40-mal am Tag.«*

Es geht hier nicht um die Töchter und Söhne, die in ferne Länder fortgezogen oder unerreichbar auf einer Weltreise sind. Die, um die es hier geht, haben sich zurückgezogen oder sind ganz aus dem Leben der Eltern verschwunden. Diese Kontaktabbrüche zwischen Eltern und ihren erwachsenen Kindern finden sich überall. Fragt

---

1 King, Jessica: »Mama, ich will dich nicht mehr sehen«, in: *Berner Zeitung* v. 5.8.2023, www.bernerzeitung.ch/mama-ich-will-dich-nicht-mehr-sehen-912281027876

man ein bisschen herum, dann hört man schnell, fast mit einer leiser werdenden Stimme: »Ja, kenne ich aus dem weiteren Familienkreis« oder »Kenne ich von Freunden«, manchmal mit dem Zusatz: »Verstehe ich gar nicht, es sah doch immer so gut bei denen aus.« Die betroffenen Eltern reden kaum darüber, und wenn doch, dann nur mit sehr vertrauten Menschen oder in Betroffenen-Gruppen. Aber sie denken immerzu an die Tochter, den Sohn und fragen sich: »Warum nur, ich verstehe es nicht – was habe ich bloß falsch gemacht?«

In den ersten sieben Zeilen des Artikels steckt die ganze Dramatik der Eltern, die den Bruch mit ihrem erwachsenen Kind – vereinzelt sogar mit mehreren Kinder – zu verkraften haben, denn sie verweisen auf das Gedankenkarussell, das bei den meisten von ihnen kreist und kreist. Da sind ihre unbeantworteten Fragen, Selbstvorwürfe, Selbstzweifel, Scham- und Schuldgefühle, und da ist das ohnmächtige Gefühl, denn sie wissen nicht, was eine Veränderung zum Guten einleiten könnte.

Stellt eine Tochter, ein Sohn den Kontakt zur Mutter oder/und dem Vater ein oder löst sich sogar aus dem ganzen Familienverband, ist es für die betroffenen Eltern wie ein Beben, ein Einbruch, der nicht selten wie eine Gewaltsamkeit erlebt wird. Ein Kontaktabbruch gehört zu den schmerzvollsten Dingen, die Eltern passieren können. Sie sind meist fassungslos, versuchen zu verstehen, aber verstehen nicht, was mit dem Kind geschehen ist, das man doch liebt und das mit sechs Jahren noch gesagt hat: »Ich hab dich so lieb, du bist die beste Mama, der beste Papa der Welt.« Was hat es veranlasst, solch einen schmerzauslösenden Schritt zu tun? Die Eltern suchen die Gründe bei sich, dann wieder sehen sie die Schuld bei den Kindern und klagen sie als undankbar und respektlos an. Oder sie machen Außenstehende verantwortlich, sehen ihr Kind als von anderen verblendet – vom Partner, von Freunden oder Coaches und Therapeuten manipuliert. Dann wieder – und das betrifft oft eher die Väter – schieben sie alles weit von sich weg und denken: »Wenn das Kind nicht anerkennt, was ich alles getan und ermöglicht habe, dann eben nicht.« Oder sie tun so, als würde sie das alles nicht tangieren. Einige Eltern gehen noch weiter. Für sie ist es ungerecht und schäbig, wie der Sohn/die Tochter sich verhält, und der/die ist für sie gestorben.

Das sind ganz unterschiedliche Reaktionen, die auch von der Lebenssituation der Eltern abhängen. Es macht einen Unterschied, ob es eine alleinerziehende Mutter trifft, ob es sich um das einzige Kind handelt, oder aber, ob es einen Familienverband mit mehreren Kindern gibt. Besonders Alleinerziehende, die vieles gegeben haben und die nicht selten von Kontaktabbrüchen betroffen sind, sagen: »Ich habe meinem Kind alles gegeben und ermöglicht und jetzt lässt es mich allein.« Gerade sie fühlen sich allein gelassen und sie sind es auch.

Kontaktabbrüche kommen in allen Konstellationen vor. Dabei handelt es sich aus meiner Wahrnehmung um ein hochkomplexes emotionales Thema, das Eltern aus allen Gesellschaftsschichten betrifft. Jede Familie hat ihre speziellen Thematiken und Problematiken und jedes Individuum reagiert anders auf das Zerwürfnis. Gemeinsam ist der Schmerz. »Es macht mich so unendlich traurig, ratlos, und ich habe das Gefühl, nie mehr glücklich sein zu können«, schreibt mir eine Mutter.

Die Eltern sind zutiefst getroffen, nichts ist mehr, wie es war. Einigen gelingt es, mit der neuen Realität irgendwie zu leben, andere fallen in ein trostloses Loch. Sie leiden oft über Jahre, sind in ihren Gedanken so gefangen, dass sie nichts anderes mehr sehen. Manche werden taub, schalten innerlich ab, versuchen das ganze Desaster wegzudrücken. Aber selbst die Betroffenen, die den Schmerz wegschieben, die sogar bitter oder zornig werden, zeigen in der Wut ihr Beteiligtsein.

»Manchmal vergesse ich, dass ich eine Tochter/einen Sohn habe«, höre ich Eltern sagen, die nach Jahren ihres Kummers resigniert aufgeben. Kürzlich sagte mir eine Mutter, die nicht weiß, wo ihre Tochter überhaupt ist: »Wenn ich wenigstens ein Grab hätte, einen Ort, an dem ich trauern könnte, dann wäre es für mich leichter.« Eine andere äußert: »Jetzt nach vier Jahren, in denen ich nichts höre, muss ich mich manchmal erinnern, dass ich ein Kind habe. Ich kann sonst das ständige Grübeln nicht mehr aushalten.«

Mit diesem Buch möchte ich die Hintergründe und Zusammenhänge der Kontaktabbrüche erklären. Die Eltern, denen es gelingt, sich nicht in einer Schuldschleife zu verhaken, die ihr Leben weiterleben, weil sie ein Recht auf ihr eigenes Leben haben, die sich mit den Ursachen der Familienkonflikte auseinandersetzen, werden es nicht mehr so schwer haben. Wie das möglich werden kann, darauf werde ich besonders in Kapitel 8 eingehen. Denn zunächst möchte ich die Hintergründe der Kontaktabbrüche behandeln.

Erwachsener oder Kind?

Während des Schreibens, frage ich mich, wie ich eigentlich das Wort »Kind« benutzen soll. Bei den Kontaktabbrechenden handelt es sich ja um Erwachsene, sie sind in der Regel weit über zwanzig Jahre alt und führen ihr eigenes Leben. Die Bandbreite geht von zwanzig Jahren bis hin zu über Fünfzigjährigen. Selbst in dieser Altersgruppe gehen »Kinder« noch aus dem Kontakt mit ihren Eltern.

Es gibt sehr viele Synonyme für das Wort »Kind«. Dazu gehören: Sprössling, der/die Kleine, Junior, der Junge, das Mädchen und so weiter. Alles Begriffe, die den Kind-Status benennen. Nur trifft das ja objektiv nicht mehr zu, auch wenn die Eltern manchmal noch von »unserer Kleinen« oder »dem Jungen« sprechen.

Der Gesetzgeber hat für den Status »Kind« eine klare Definition. Im § 1 Jugendschutzgesetz beschreibt er Kinder als Personen, die noch nicht 14 Jahre alt sind, und Jugendliche als Personen, die 14, aber noch nicht 18 Jahre alt sind. Danach ist man bis zum Alter von 27 Jahren ein junger Erwachsener und dann ein Erwachsener. Dennoch fühlen sich Erwachsene von ihren Eltern oftmals noch als Kind behandelt.

»Ich bin 38 und meine Eltern wollen mich immer noch erziehen. Sie erklären mir, wie ich mich benehmen soll, als sei ich noch ein Kind«, sagt eine Tochter, die mit ihren Eltern auf Kriegsfuß steht. Und ein 27-Jähriger: »Ich komme nach anderthalb Jahren aus Australien zurück, suche eine Wohnung und meine Eltern sagen: ›Du kannst doch wieder in dein Kinderzimmer einziehen.‹« Wie oft haben die erwachsenen Töchter und Söhne gehört: »Zieh dir doch eine Jacke drüber, es ist draußen kalt.« Für die Eltern sind solche Formulierungen ganz normal, sie kommen aus der alten elterlichen Sorge. Für die Töchter und Söhne sind sie ein Grauen.

Biologisch gibt es in der Frage natürlich keinen Zweifel – ein Kind ist und bleibt das Kind, im Sinne von Nachkomme, aber faktisch ist er oder sie eine Erwachsene. Dieser Sachverhalt ist deshalb so wichtig, weil er zu einem der Angelpunkte der ganzen Thematik gehört, denn diese »Kinder« wollen endlich als Erwachsene anerkannt werden. Sie wollen ihre Wünsche respektiert sehen, ihre eigenen Wege gehen, nicht selten Wege, denen die Eltern kritisch gegenüberstehen. Sie wollen mit ihren Gedanken, Überzeugungen und Werten, ihren Lebensweisen und Vorstellungen als eigenständig, als autonome Individuen geachtet werden. Aber für die Eltern sind und bleiben sie: »mein Kind«.

Hier kommen die ganz typischen Konfliktszenarien, von denen ich immer wieder höre. Das »Kind«, ganz gleich, ob Tochter oder Sohn und welchen Alters, sagt oder schreibt: »Ich möchte euch nicht mehr sehen, bitte meldet auch nicht mehr bei mir, der Kontakt mit euch macht mir zu viel Druck. Ihr habt überhaupt keine Ahnung, was mich bewegt, ich interessiere euch offensichtlich nicht. Ihr versteht mich nicht und habt mich auch nie verstanden.« Die Eltern reagieren betroffen, denn ihrem Empfinden nach ist es doch eindeutig: »Eltern und Kinder gehören zusammen. Wir sind doch blutsverwandt und das bleibt für immer! Wir meinen es nur gut mit dir. Wir wollen für dich da sein, wenn du Sorgen hast oder etwas brauchst.« Sie denken, dass eine Distanz zwischen Eltern und Kindern nicht natürlich sei.

Und so bleiben Eltern in der alten Rolle, behandeln den erwachsenen Sohn oder die erwachsene Tochter noch immer wie ein Kind. Manch ein Elternteil hat den Gedanken, vielleicht ist es auch der Wunsch: »Du brauchst mich doch, Kind, du kommst doch ohne mich in deinem Leben gar nicht zurecht.« Sie gehen davon aus, dass es ihrem Sohn oder ihrer Tochter vor allem durch ihr Zutun gut geht. Und sie merken nicht, dass an diesem Gedanken der Versuch der Einmischung hängt, dass sie geneigt sind, die Grenzen ihrer erwachsenen Kinder zu überschreiten und ihnen wenig zuzutrauen.

In alldem steckt eine Hierarchie. Die alte Rangfolge: Vater, Mutter, Kind. Ein Oben und Unten, ein »Wir wissen und du solltest auf uns hören«. Das sind Muster und Werte, die auf den selbsterlebten Familientraditionen und historischen Werten beruhen. Dabei hat sich die Welt in kurzer Zeit so stark gewandelt, dass die Jungen in vielen vor allem digitalen Bereichen weit mehr wissen und besser informiert sind als ihre Eltern.

Zweifelsohne geht es im biologischen Binnenverhältnis um Vater, Mutter, Kind. Sozial und faktisch geht es jedoch um Erwachsene und wir haben es bei dem Thema mit einem Konflikt zwischen Erwachsenen zu tun. Diese Sicht gilt auch für die Kinder, denn auch sie müssen annehmen, dass die Rolle des Kindes vorbei ist, dass sie jetzt für ihr Leben verantwortlich und die Eltern nicht mehr für ihre Probleme zuständig sind oder gar für Widrigkeiten des Lebens haftbar gemacht werden können. Deshalb schreibe ich im Folgenden von »kontaktabbrechenden Erwachsenen«, den »Kontaktabbrechenden« oder »erwachsenen Kindern«. Das Wort »Kind« verwende ich, wenn ich Eltern direkt oder indirekt zitiere.

Ich hoffe, dass diese Differenzierung für Sie hilfreich sein wird, um die ganze Thematik besser zu verstehen. Denn schon allein die Nutzung dieses einen Wortes hat eine Bedeutung und eine Wirkung auf die Beteiligten. Und da ich dieses Buch schreibe, um mein Wissen weiterzugeben, um die Fallstricke, die den Konflikt weiter verstärken, aufzuzeigen, bedarf es hier der Klarheit. Je bewusster, je klarer der Hintergrund, auf dem das alles geschieht und geschehen ist, desto größer ist die Möglichkeit, sich anders zu verhalten. Genau das birgt die Chance einer Wiederannäherung. Und diese Chance ist real. Die Mehrheit der erwachsenen Kinder, die die Tür zugeschlagen haben, öffnen sie auch wieder. Für sie ist es eine Phase der notwendigen Emanzipation. Sie lösen sich aus zu eng gewordenen Familienmustern und suchen ihre eigene Lebensform. Eines Tages führt der Weg für die große Mehrheit wieder zurück. Das kann ein Jahr, fünf oder weit länger dauern, manchmal geschieht die Annäherung auch, wenn die Eltern am Lebensende stehen. Der Kontakt wird anders sein, erwachsener, aber es wird eine Wiederannäherung geben.

Zu nah oder zu fern

Die Perspektive und Motive der Kontaktabbrechenden teilen sich in zwei Grundthematiken. Die erste Gruppe beschreibt ihre Empfindungen etwa so:

»Meine Mutter, mein Vater ist unerreichbar für mich, es steht eine Art Wand zwischen uns. Der Kontakt ist kühl bis kalt und ich habe zeit meines Lebens das Wärmende vermisst. Es gab und gibt keine Nähe, nichts tief Verbindendes. Meist dreht es sich im Kontakt um materielle Dinge. Ich kann mich nicht erinnern, jemals mit meiner Mutter gekuschelt oder auf ihrem Schoß gesessen zu haben. Körperlichkeit ist wie ein Tabu zwischen uns. Sie oder mein Vater waren nie eine Anlaufstelle, bei der ich hätte Schutz finden oder die meinen Kummer hätte auffangen können. Der Ton bei uns in der Familie ist funktional, eher rau. Es geht um Anweisungen und zu erbringende Leistung, um ihre Dominanz und Autorität. Sie dulden keinen Widerspruch, sind schnell wütend und wollen ihren Willen durchsetzen. Ich habe in meiner Kindheit Berührung und Liebe vermisst und vermisse es bis heute. Wenn ich das heute anspreche, dann wissen meine Eltern gar nicht, wovon ich rede. Sie sind an dieser Stelle nicht erreichbar, sie verstehen meinen Wunsch nach Nähe und Verbundenheit nicht und betonen, dass sie alles für mich getan haben.«

Die zweite Gruppe beklagt das Gegenteil. Diesen erwachsenen Kindern ist die Verbindung zu nah, zu eng und sie nehmen diese Nähe eher als kontrollierend wahr. Das, was die Eltern unter Fürsorge und Zusammengehörigkeit verstehen, ist für sie ein Zuviel an Gemeinsamkeit.

»Meine Eltern«, so sagen sie, »können die notwendige Distanz nicht wahren, sie mischen sich überall ein, auch in die Erziehung meiner eigenen Kinder, sie geben zu allem ihre Kommentare ab. Sie können mein Leben, das, was mir wichtig ist, nicht annehmen, geschweige denn respektieren. Sie wollen zu viel und sie suchen immer wieder die familiäre Atmosphäre. Sie sind distanzlos und überforsch, rufen ständig an. Sie sagen Sätze wie: ›Zwischen uns passt kein Blatt. Wir sind beste Freund/innen. Wir gehören zusammen.‹

Sie meinen zu wissen, was für mich gut ist, geben gute Ratschläge und drücken das auch immer wieder aus: ›Du solltest mal …, du müsstest …‹ Sie kennen kein Du und Ich, denken nur im Wir und können mein Leben, so wie ich das will, kaum akzeptieren. Sie haben keine Ahnung von mir und davon, was mir wichtig ist. Wenn ich das anspreche, dann sagen sie: ›Aber Kind, wir lieben dich doch, du gehörst doch zu uns, wir meinen es doch gut mit dir.‹«

Wie die erwachsenen Kinder zu diesen Klagen kommen konnten und was es mit diesem »zu nah oder zu fern«, »zu viel oder zu distanziert« und allen Zwischentönen auf sich hat, davon handelt dieses Buch.

Väter verkörpern andere Gründe für die Abwendung als Mütter

Bei den Auseinandersetzungen mit den Eltern gibt es Unterschiede, was die Vorwürfe betrifft. Mit den Müttern dreht es sich häufiger um das Thema der Nähe oder der Distanz. Die Kontaktabbrechenden schieben ihr Gefühl von Mangel schnell den Müttern zu, beklagen, nicht die richtige emotionale Nahrung bekommen zu haben. Zweifelsohne ist die Mutter-Kind-Beziehung von grundlegender Bedeutung. Nie wieder werden wir einem Menschen so nah sein wie der Mutter in der Zeit der Schwangerschaft und der ersten Lebensmonate. Der Lebensanfang steht ganz im Zeichen einer Intimität, eines engen körperlichen und emotionalen Bandes. Er kann aber auch für eine Zeit der Distanz oder Fremdheit oder für eine übergroße Besorgnis stehen, je nachdem, welche Bindungserfahrungen die Mutter selbst gemacht hat. Die Frage ist auch, wie gut sie zu dieser Zeit im Leben stand, wie belastet sie von Problemen war, wie verbunden sie dadurch mit sich und dem entstehenden

Kind sein konnte. Für die Beziehung ist die erste gemeinsame Zeit von Bedeutung und eine problematische Bindung kann sich durch die gesamte Biografie ziehen. Und weil dieser einzigartige Beginn der Ausgangspunkt aller Beziehungen ist, steht die Mutter oft im Fokus der Klagen, wenn es um Bindung und Beziehung geht. Die erwachsenen Töchter und Söhne vermissen, nach alldem, was ich höre, entweder die fürsorgliche, umsorgende, liebevolle und haltgebende Mutter, oder sie vermissen die Mutter, die sie als eigene Person akzeptieren und ihre Autonomie würdigen kann. Nicht selten kommt der Vorwurf, es gehe der Mutter nur um die eigenen Bedürfnisse. Sie habe ein Kind gebraucht, um selbst Zuwendung, Unterstützung und Halt zu finden. Manche Söhne und Töchter beklagen, ihre Mutter stehe immer im Mittelpunkt und nicht sie als ihr Kind.

Bei der Entzweiung kann es auch darum gehen, dass sich die Tochter oder der Sohn nicht von der Mutter vor dem despotischen Vater beschützt gefühlt hat. Vor einem Vater, der die Familie dominiert und apodiktisch Unterordnung fordert oder der die Grenzen der Familienmitglieder schonungslos überschritten hat oder noch überschreitet.

Die Mutter-Kind-Bindung ist ein fragiles Gefüge, sie ist mit so vielen Sehnsüchten, Wünschen und auch Forderungen behaftet. Diese Beziehung ist mit unserem Ur-Schmerz verbunden, mit unserem Gefühl, nicht gut genug zu sein, nicht richtig zu sein und nicht wirklich geliebt zu werden, so wie wir sind. Aber dieser Schmerz betrifft nicht nur das Kind, sondern auch die Mutter, auch sie hat eine Bindungsgeschichte.

Väter verkörpern andere Gründe, die erwachsene Kinder veranlassen, sich abzuwenden. Es kann um Dominanz gehen, um rücksichtslose Strenge, überzogene Leistungsansprüche, aber auch um Sprachlosigkeit. Ich erinnere mich an einen circa 40-jährigen Mann, der berichtete, mit seinem stillen, zurückgezogenen Vater zeit seines Lebens nicht mehr als drei persönliche, tiefergehende Sätze gesprochen zu haben.

Töchter werfen ihren Vätern vor, sie nicht zu unterstützen oder ihnen etwas zuzutrauen. Sie fühlen sich kleingemacht und vom Vater in ihrem Selbstwert geschwächt. »Mein Vater hat mir nie gesagt, dass er sieht, was ich kann, dass er mir vertraut, schon gar nicht, dass er an mich glaubt.« Es geht um mangelnde Väterlichkeit, um fehlende Präsenz in der Familie. Das alles sei an dieser Stelle nur angedeutet, denn davon wird noch die Rede sein. Es zeigt aber, wie vielschichtig das Thema ist.

Die Eltern, die einen Kontaktabbruch erleben, sind ungefähr zwischen fünfzig und neunzig Jahre alt, manchmal sogar älter. Das liegt in der Natur der Dinge, denn erwachsene Töchter und Söhne zwischen zwanzig und fünfzig haben Eltern aus diesen Altersgruppen und diese Altersgruppen weisen auf etwas hin. Es sind Elterngenerationen, die entweder noch im Krieg oder in der Zeit unmittelbar danach geboren sind, oder sie gehören zu den Wirtschaftswunderkindern. Auf jeden Fall sind es Eltern, die unter vollkommen anderen Bedingungen groß geworden sind als ihre mittlerweile erwachsenen Kinder. Diese Tatsache ist von immenser Bedeutung für das Familiengefüge, worauf das Buch deutlich eingehen wird.

Das veränderte Leben – wie geht es den Eltern?

Das Zerwürfnis mit einem erwachsenen Kind schafft eine völlig neue Lebens- und Familienrealität: »Ich habe gedacht, jetzt nach meinem Renteneintritt will ich in Ruhe alt werden. Und dann das…«, sagt eine 67-Jährige, die erstmal überhaupt nicht versteht, worum es ihrer Tochter geht. Die immer in bester Absicht gehandelt und alles andere als eine aggressive oder fordernde Ausstrahlung hat. Sie ist eher scheu und sehr freundlich, lächelt viel und wirkt irritiert von dem, was da seit Jahren geschieht: »Erst habe ich gemeint, das kriegen wir doch wieder hin. Dann merkte ich, ich habe keine Ahnung, was ich ihr sagen soll. Ich erlebe mich meiner Tochter gegenüber fast sprachlos.« Nach einzelnen Kontaktversuchen bewegt sich zwischen den beiden nicht viel und die Mutter sagt: »Mich umgibt seither immer wieder so eine tiefe Traurigkeit, ich fühle mich machtlos, ich höre nichts von ihr und das zieht mich ins Trostlose. Ich bin auch so schusselig geworden.«

Die Eltern sind in ihrer Biografie an einem bestimmten Punkt. Sie haben ihre Kraft, ihre Zeit, ihr Engagement, ihre finanziellen Möglichkeiten, ihre Hoffnungen in den Nachwuchs gesteckt. Sie haben geschuftet und getan, haben Werte aufgebaut, von denen auch die Kinder profitieren. Viele von ihnen haben sich jahrzehntelang über die Elternschaft definiert und wünschen sich jetzt, nachdem die Kinder erwachsen sind, eine friedliche und ruhigere Zeit. Oftmals sind die Kräfte auch nicht mehr so da, wie sie es früher waren. Die Familie, ihre Kinder, die Enkel gehören zum Lebensglück und das fühlt sich durch diesen Bruch wie zerschnitten an. Der Verlust der Enkel ist für viele der leidvollste. Für sie sind die Enkel wie eine positive Ernte, für die sich alles gelohnt hat, sie geben das Gefühl von Sinnhaftigkeit. Der abgebrochene Umgang oder auch das Nichtkennenlernen der Enkel fühlt sich so an, als stehe man vor einem Scherbenhaufen. Darauf gehe ich in Kapitel 8 noch einmal ein.

Für den großen Teil der betroffenen Eltern ist das Weggehen eines erwachsenen Kindes eine Tragödie und es folgt schnell der Gedanke: »Dann war ja alles umsonst« und »Was habe ich bloß falsch gemacht?«. Sie gehen das ganze gemeinsame Leben immer wieder durch, um zu ergründen, an welcher Stelle die Ursache für den Konflikt liegen könnte.

Alles wird in Frage gestellt

Die von den Kontaktabbrüchen betroffenen Eltern sind im Wesentlichen zwischen den 1930er- und den 1970er-Jahren geboren. Diese Generationen trifft das kompromisslose Weggehen auf eine Weise, die sich die Generationen der nach 1980 Geborenen nur schwer vorstellen können. Wir, und ich gehöre dazu, sind mit einem Wertesystem groß geworden, in dem es das nicht gab. Eltern »im Stich lassen« war nicht vorgesehen. Die Glaubenssätze hießen und sie heißen noch immer: »Du sollst Vater und Mutter ehren und versündige dich nicht« oder »Hast du denn keine Kinderstube? So was macht man doch nicht«. Und jetzt setzen sich die Kinder über all das hinweg. Das hinterlässt bei den Eltern eine tiefe Scham. Man schämt sich nicht nur, sondern man fühlt sich selbst angegriffen, als habe man versagt. Alles, was man gut machen wollte, steht plötzlich öffentlich auf dem Prüfstand. Denn dieser Bruch trifft nicht nur auf die eigenen, sondern auch auf die Wertvorstellungen des Umfeldes. Und nicht selten munkeln Freunde, Nachbarn und Bekannte hinter vorgehaltener Hand: »Da muss doch was vorgefallen sein! Sonst würde doch die nette Anja oder der freundliche Torsten so einen Schritt nicht tun. Die Kinder werden schon ihre Gründe haben.« Auch wenn das nicht explizit so ausgesprochen wird, die Eltern »hören« es. Das hinterlässt Spuren, als hätten sie ihrem Kind etwas angetan. Das kann Betroffene zu einem Rückzug aus ihrem sozialen Umfeld treiben. »Was soll ich denn sagen, wenn mich jemand nach dem Kind fragt!?«

Mich erreichen Briefe von Eltern, deren Welt zusammenbricht, die sich so furchtbar einsam fühlen, weil sie ihr Kind und damit häufig verbunden auch ihre Enkel vermissen. Ich sehe Eltern, die sich nicht auszusprechen trauen, dass sie Dankbarkeit und Würdigung ihrer Mühen vermissen. Die meisten versuchen, irgendwie wieder in Kontakt zu kommen. Sie kriegen es nicht hin, denn sie wissen nicht wie, und oftmals beißen sie mit ihren Bemühungen auf Granit. In manch einer Beratung erschrecke ich mich und denke, wie erbarmungslos die erwachsenen Kontaktabbrechenden sein können. Ihre Einlassungen sind wie eine Anklage oder auch ein Angriff auf die ganze Person von Vater oder Mutter. Damit sehen Eltern sich und ihre Lebensvorstellungen infrage gestellt. »Soll ich jetzt an allem schuld sein? Nein!«, sagt eine Mutter berechtigterweise. Denn diese erwachsenen Kinder können nicht sehen, wie ihre Eltern sich äußern, wie sie agieren und sich verhalten, so wie sie sind, das ist ihre Prägung, ihre Herkunft.

Wie schwer ist der Rucksack der Eltern?

Für alle diese betroffenen Eltern gilt aus meiner Sicht eine einfache Wahrheit: Wenn sie es besser gekonnt hätten, dann hätten sie es besser gemacht! Dann wären sie in der Lage gewesen, ihrem Kind die einfühlsame Bindung und Beziehung zu geben, die es jetzt einklagt. Aber sie konnten nicht! Es war ihnen, wie in diesem Buch deutlich werden wird, aus ihrer eigenen Geschichte heraus nicht möglich. In jeder Beratung mit einer Mutter oder einem Vater stelle ich ein und dieselbe Frage: »Wie ist es Ihnen mit Ihren Eltern ergangen?« Weit über 90 Prozent reagieren spontan mit dem Satz: »Auch nicht gut, ganz schwierig ...« Und nicht selten folgt: »Aber meine Eltern haben doch damals ihr Bestes getan.«

Die Älteren sind schnell dabei, das, was sie erlebt haben, kleinzureden: »So war die Zeit, das haben doch alle erlebt.« Die eigene Geschichte wird bagatellisiert und generalisiert. Genau das hat geholfen, die schlimmen Erlebnisse der eigenen Kindheit abzuwehren und in Schach zu halten. Aber unsere Geschichte hat Bedeutung und damit sind wir bei einem der Hauptaspekte dieses

Themas: Kontaktabbrüche haben einen familiären Hintergrund. Die in den Kontaktabbrüchen zutage tretenden Problematiken sind nicht neu, wenn auch anders gelagert. Sie sind das, was wir die transgenerationale Weitergabe von Bindungsproblematiken nennen, wo unbewältigte Lebensereignisse das Familienleben nachhaltig beeinflusst haben. Oder einfacher ausgedrückt: Die Elterngenerationen haben selbst Schweres im Gepäck, und das Gewicht ihres emotionalen Rucksacks begründet, warum sie so handeln, wie sie handeln. Und schon jetzt sei gesagt: Der Rucksack der Elterngenerationen ist schwer, oftmals sehr, sehr schwer.

Phasen des Kontaktabbruchs

Für Sie als betroffener Elternteil könnte es hilfreich sein, wenn Sie lesen, dass andere Eltern so wie Sie selbst bei Kontaktabbrüchen verschiedene Phasen durchlaufen, zu denen verschiedene Reaktionen gehören. Fast immer geht es um diese Punkte.

Signale eines schleichenden Prozesses: Die Familiengesprächskultur

Ein Großteil der Mütter und Väter äußern, dass der Bruch für sie ganz plötzlich gekommen sei. Sie hätten sich nie träumen lassen, dass so etwas passieren könnte. Sie suchen einen Schlüsselmoment, der der Auslöser sein könnte. Nur wird es den so in aller Regel nicht gegeben haben, denn der Trennung geht ein Prozess voraus. Auf Nachfrage räumen sie dann ein, ja, es habe Signale oder auch Missklänge gegeben. Ihr Kind habe schon mal etwas gesagt, oder ja, der Kontakt sei immer weniger geworden und auseinandergedriftet. Aus Angst, etwas falsch zu machen, habe man bedrückende Verhaltensweisen der Tochter oder des Sohnes nicht angesprochen und wahrscheinlich zu viel toleriert. Aber die Mütter oder Väter bekennen, dass sie nie angenommen haben, beziehungsweise dass sie nicht wahrhaben wollten, dass es so schlimm sei und so etwas passieren könne.

Zwei Dinge liegen dem zugrunde: Zum einen geht es um die Gesprächskultur in Familien, zum anderen um eine unterschiedliche Wahrnehmung der Familienrealität. Fangen wir mit der Gesprächskultur an. Wie offen oder wie vermeidend geredet wird, hängt mit den Tabus einer Familie zusammen. Mit dem, was vermieden wird, worüber keiner spricht. Mit den Ängsten, dass etwas hochkommen könnte, was bisher niemals benannt worden ist. Es wird in Familien über Tausenderlei gesprochen, über Jobs, über Verwandte, über Urlaube und Klamotten, über Rezepte, Restaurants oder Sport, über Politik und die Ungerechtigkeiten in der Welt, aber es wird vermieden, über sich selbst und damit über Gefühle zu sprechen. Unangenehme oder gar schwierige Verhaltensmuster einzelner Familienmitglieder, dazu gehören auch Alkohol oder anderes Suchtverhalten, werden beschwichtigt. Gefühle, die den Einzelnen betreffen, oder Empfindungen werden, wenn überhaupt, kleingeredet oder aber ignoriert, weil ein Gespräch darüber Folgen hätte. Keiner in der Familie traut sich, heikle Themen anzusprechen. Dazu gehören auch Geschwister-Konkurrenzen. Themen, die die Seele belasten oder belastet haben, werden unter dem Teppich versteckt, über den man jetzt stolpert. Es wird vermieden, über das Innenleben zu sprechen, stattdessen herrscht eine folgenreiche Sprachlosigkeit.

In fast allen Beratungen taucht diese Kommunikationsproblematik auf. Es ist kein singuläres Familienproblem, sondern eine durch alle gesellschaftlichen Schichten durchgehende Problematik. Warum ist das so? Ich würde mich freuen, wenn Sie als betroffene Eltern mir folgen und wir die tiefliegenden Ursachen der Sprachlosigkeit gemeinsam erforschen.

Die Abers

Der zweite Umstand, der sehr schnell auftaucht, wenn ein erwachsenes Kind aus dem Kontakt geht, ist die unterschiedliche Wahrnehmung der Familiensituation. Die Tochter oder der Sohn führen etwas an, was die Eltern nicht verstehen und auch ganz anders beurteilen. Aus dieser Dissonanz entsteht dann das ABER – ein Wort, ein Kommunikationskiller mit großen Folgen. Folgende Beispiele tauchen so oder so ähnlich in der Praxis immer wieder auf. Der erwachsene Sohn sagt beispielsweise: »Ihr habt meine Geschwister immer besser behandelt als mich. Ich fühle mich hier wie das schwarze, das nicht gemochte Schaf in der Familie.« Auf solch einen Vorwurf reagieren Mutter oder Vater fast immer mit einem Aber. Auch sie fühlen sich nicht verstanden, die Reaktion ist dann zum Beispiel: »Aber das stimmt doch gar nicht. Wie kommst du nur darauf? Wir haben dir doch alles ermöglicht, du durftest doch viel mehr als deine Schwester. Du durftest zum Sport, hast Musik gemacht, wir haben dir die Reisen finanziert. Du hast doch alles bekommen, was du wolltest.«

Ein anderer Sohn, eine andere Tochter sagt: »Ihr oder du warst nie für mich da. Nie hattet ihr Zeit, immer waren die Arbeit, die kranke Oma, das neue Haus, das Geld wichtiger als ich.« Die elterliche Reaktion: »Aber das stimmt doch nicht. Wir waren doch so oft am Meer und wandern mit dir und du wolltest doch auch das Haus mit einem schönen Zimmer, ich musste mich doch um die Oma kümmern, was hätte ich denn tun sollen?«

Eine andere Tochter klagt: »Ich kann eure Kommentare über mein Aussehen, meine Figur nicht mehr ertragen. Wenn ihr noch einmal sagt: ›Du hast aber einen guten Appetit‹, dann seht ihr mich nicht wieder.« Die Eltern denken, ohne es auszusprechen: »Aber Kind, du bist doch so eine Tolle, wir wollen doch dein Bestes. Und wenn du nur ein bisschen mehr aus dir machen würdest, dann könntest du auch einen Partner finden.« Auch ohne Worte versteht die Tochter diesen Kommentar genau, als stehe er auf der Stirn von Vater oder Mutter geschrieben. Sie ist nicht so, wie sie sein soll.

Oder die Tochter spricht aus: »Ich habe mich früher so allein gefühlt. Ihr habt nie gesehen, wie es mir ging, ihr habt mir nie zugehört, ihr habt auch gar nicht mitgekriegt, wie schlecht es mir in der Schule ging. Ich sollte immer machen, was ihr wollt, ihr wart immer der Maßstab aller Dinge. Der Druck, den ihr macht, konnte und kann ich nicht aushalten.« Die Antwort der Eltern: »Aber das stimmt doch gar nicht, du konntest und kannst mit allem zu uns kommen. Wir sind doch immer für dich da, du hast dich doch immer zurückgezogen. Wir lieben dich doch und wollen dir doch nur Wege zeigen, damit es dir gut geht.«

Besonders die Jüngeren unter den Kontaktabbrechenden empfinden die zu große Nähe als Belastung. Sie sagen Sätze wie: »Hört auf, mich zu kontrollieren, hört auf, mich jeden Tag anzurufen, hört auf, mir zu sagen, was ich tun soll, hört auf, in mich und in mein Leben einzudringen, eure Pläne sind nicht meine.« »Aber Kind«, folgt darauf, »wir wollen doch Anteil nehmen an deinem Leben, du bist uns doch so wichtig, wir haben doch immer alles geteilt.« Manchmal folgt noch ein Satz wie: »Wir haben doch nur dich.«

Durch diese ABERs fühlen sich die betroffenen erwachsenen Kinder in ihrer Haltung bestätigt, dass die Eltern ihnen nicht zuhören und dass ihre Gefühle nicht respektiert werden, denn mit dem Aber hören sie folgende Botschaft: »Deine Wahrnehmung, Kind, ist nicht richtig, du siehst das alles ganz falsch, wir erklären dir, wie es eigentlich war und ist.« Das wiederum ist für den erwachsenen Sohn oder die erwachsene Tochter eine weitere Bestätigung, dass ihr Schritt der richtige war. Die Kommunikation mit den Eltern findet für sie nicht auf Augenhöhe statt, sie ist kein Gespräch zwischen Erwachsenen. Das Aber macht ihr Anliegen klein oder versucht es zu widerlegen. Und genau das ist der Punkt, an dem die erwachsenen Kinder einen weiteren Schritt zurückgehen.

Stillstand

Dieses Stadium des Konfliktes ist eine Pattsituation, es geht nicht weiter. Denn aus der Sicht der Eltern ist es richtig und unzweifelhaft, was sie sagen. Sie haben ihr Bestes gegeben. Sie haben alles getan, was ihnen vor dem Hintergrund ihrer Erfahrung, ihrer Herkunft richtig erschien. Sie haben getan, was sie tun konnten. Und niemals wollten sie ihren Kindern mutwillig schaden. Aber ihre erwachsenen Kinder halten ihnen jetzt entgegen: »Dein/euer Bestes war nicht das Beste für mich.« Heutzutage können die erwachsenen Kinder sehen und vor allem benennen, was gefehlt hat. Sie wollen die elterlichen Lösungen nicht, für sie klingen gutmeinende Sätze wie: »Du musst doch mal was Ordentliches machen« unerträglich. Sie sprechen eine neue Sprache. Viele von ihnen wissen genau, was sie wollen, und eben auch, was sie nicht mehr wollen. Sie stehen damit an einem Punkt, von dem aus sie nicht sehen können oder sehen wollen, was die Eltern für sie getan haben. Es ist ein Punkt, an dem die Eltern keine Bedeutung haben.

Dieses Faktum scheint mir so entscheidend, dass ich diesem Thema Kapitel 2 widmen werde. Was ist zwischen den Generationen geschehen, was ist es, was uns trennt?

Der Bruch und der Umgang mit den Grenzen

Das Unvorstellbare ist passiert, der Kontakt zum Sohn oder zur Tochter wurde schleichend immer dünner, bis er schließlich ganz abbricht. Meist gibt es noch eine letzte Mail, eine Handynachricht oder ein verunglücktes Gespräch. Doch dann ist Funkstille. Die meisten Eltern versuchen daraufhin, auf das erwachsene Kind zuzugehen. Sie suchen einen klärenden Kontakt, denn sie wollen das Geschehene zum Guten wenden. Das fängt mit kurzen Nachrichten per WhatsApp an, dann werden andere Familienmitglieder einbezogen, dann schreibt man Briefe, schickt Päckchen mit Geschenken, alle Festtagsanlässe werden für Einladungen beziehungsweise zur Kontaktaufnahme genutzt. Manche Mütter und Väter fahren zu den erwachsenen Kindern hin, klingeln an der Tür oder stehen vor dem Haus, um irgendetwas aus dem Leben ihres Kindes zu erfahren. In der Verzweiflung werden alle Register gezogen.

Die Kontaktabbrechenden reagieren auf diese Versuche sehr verschlossen und hart, manchmal sogar herablassend. Für sie sind es erneute Einmischungen und damit No-Gos, für sie ist bereits alles gesagt oder getan. Für die Kontaktabbrechenden funktionieren die alten Gesprächs-, Verhaltens- und Beziehungsmuster nicht mehr. Im Gegenteil, gerade davor fliehen sie. Je mehr die Eltern bohren und drängen, umso weiter ziehen sich die Töchter und Söhne zurück. Kontaktabbruch bedeutet, die erwachsenen Kinder haben eine deutliche Grenze gesetzt. Versuche, den Bruch zu kitten, empfinden sie als Versuch, diese Grenze zu überschreiten, es wird als ein Zuviel gewertet, als ein Nichtrespektieren ihrer Abgrenzung. Folglich setzen sie ihr Nein noch deutlicher. Das hinterlässt bei den Eltern wiederum das schreckliche Gefühl von: Es hilft alles nichts, ich kann mein Kind nicht mehr erreichen.

Die Kontaktabbrechenden befinden sich an einer ganz anderen Stelle, für sie gibt es (im Moment) mit den Eltern keine Lösung. Das Defizit, das sie empfinden, kann ihrer Erfahrung nach nicht gelöst werden. Sie erleben die Begegnung mit den Eltern als schmerzhaft, als energieraubend, als bedrückend und nicht weiterführend. Die Abgrenzung gegen die Eltern ist mit der Absicht verbunden, zu sich selbst zu finden, die eigene Gefühlswelt zu ordnen, Stabilität in ihre innere und äußere Welt zu bekommen. Die Kontakte mit der Familie lösen meist ein Chaos, eine altbekannte Unruhe in ihnen aus, aber auch Wut, weil sie die Begegnungen als vergeblich und aufwühlend empfinden. Ein Kontaktabbruch bedeutet, dass man sich mit seiner Herkunft auseinandersetzt, um die eigene Zukunft und den Umgang in Beziehungen anders zu gestalten. Man sucht mehr Freiheit, Orientierung und Ruhe. Kontaktabbrechende wünschen sich Akzeptanz, weil sie sich im Elternhaus, so wie sie sein wollen, nicht akzeptiert fühlen. Sie stellen sich selbst in den Mittelpunkt und nicht mehr die Herkunftsfamilie. Die Familie bedeutet in dieser Lebensphase nur noch Belastung. »Ich möchte meinen Eltern nicht weh tun«, sagt eine 32-Jährige, »aber wenn ich bleibe, dann gehe ich unter. Dann werde ich als Luise meine Bedeutung, das heißt, wer ich bin und was mein Weg ist, nie finden. Ich muss mich dem Einfluss und der Einflussnahme meiner Eltern entziehen, deshalb muss ich jetzt einen Strich ziehen.«

Eine Familie, zwei Welten in der Wahrnehmung! Nicht mehr Vater, Mutter, Kind, sondern drei Erwachsene, die in zwei Welten leben, von der zumindest die Eltern glaubten, es sei nur eine Welt.

Der Rest der Familie

Man kann sich leicht vorstellen, was passiert, wenn ein Familienmitglied dem Familienverband den Rücken kehrt. Kein Stein bleibt mehr auf dem anderen, alles wird sich verändern. Ganz oben steht dann die Frage der Loyalitäten – wer versteht wen, wer steht zu wem? Wer versteht den Gehenden, wer die Bleibenden? Wie geht der Rest der Familie damit um? Wird darüber gesprochen, oder wird es eher vermieden, um Mutter oder Vater zu schonen? Was machen wir Weihnachten, wer kommt dann zusammen? Und die schwierige Frage: Was ist mit den Enkeln, darf man sie weiterhin sehen? Wie verhalten sich die Geschwister? Es kann sein, dass ein Geschwisterteil enger mit Mutter und Vater zusammenrückt. Er oder sie wird dann zum Anker der Eltern und versucht den

Schmerz zu kompensieren. Es kommt auch vor, dass die ganze Familie dem Gehenden den »schwarzen Peter« zuschiebt. Alle sind sich dann einig, wie schwierig er oder sie ist. Manchmal versteht ein Bruder seine Schwester überhaupt nicht mehr, kann sich nicht erklären, warum sie einen solchen Schritt macht, denn seine Erfahrungen sind ganz andere.

In Loyalitätskonflikte geraten die Geschwister, die unter sich eine enge Verbindung haben. Schnell taucht das Problem auf: »Erzähle ich meinen Eltern, was ich höre und weiß?« Es kann passieren, dass Geschwister von Kontaktabbrechenden zum Schweigen verpflichtet werden. Sie sollen den Eltern auf keinen Fall etwas von ihnen berichten. Das kann ein echter Konflikt werden, denn diese Geschwister sehen, wie sehr die Eltern unter dem Schweigen, den fehlenden Informationen leiden, weil sie seit Monaten oder länger nichts von ihrem Kind gehört haben. Diese Fraktionierungen und Zerreißproben belasten das Leben und die Atmosphäre der Familie noch weiter.

Dann gibt es noch die Großeltern, Tanten und Onkel oder der Familie nahestehende Freunde, mit denen die Kontaktabbrechenden eventuell eine Verbindung halten. Wenn es keinen offenen Austausch unter den »Zurückbleibenden« gibt, kommt es schnell zu Konkurrenzen, unguten Wettbewerben, Heimlichtuereien. Da trifft beispielsweise die Tochter ihre Tante, eine Schwester der Mutter, und sie reden über die Familie, das kann zu noch mehr Unfrieden führen und als Einmischung gewertet werden. Man redet über und nicht mit!

Wenn dann noch Außenstehende die Tochter, den Sohn verurteilen, über deren Undankbarkeit und das schlechte Benehmen schimpfen, ist das nicht hilfreich, sondern kann beschämend sein. Selbst in dieser Situation mag es niemand, wenn über das eigene Kind schlecht gesprochen wird.

Die Eltern fühlen sich mit alldem alleingelassen und ausgegrenzt. Das kann unerträglich schmerzhaft sein.

Der Hintergrund, vor dem ich dieses Buch schreibe

Offen gestanden hatte ich nicht vor, ein drittes Buch über die Eltern-Kind-Beziehungen zu schreiben. Aber die Zunahme der Kontaktabbrüche und die Stigmatisierung der Eltern erreichen mittlerweile eine Dimension, von der ich denke, dass hier etwas passiert in der Gesellschaft, über das geredet werden muss.

So kann ich heute bekennen, dass, hätte mein Verlag noch vor fünf, sechs Jahren ein Buch über »verlassene Eltern« angefragt, ich wahrscheinlich abgelehnt hätte. Ich konnte mich gut in die Generation der Kontaktabbrechenden hineinversetzen. Ich kenne den Konflikt. Wäre meine Mutter nicht gestorben, als ich zwanzig war, und hätte ich meinem Vater mit dreißig Jahren die Stirn bieten können, wer weiß ... Hätte ich aussprechen können, wie sehr ich mich von ihm verletzt fühlte, ja vielleicht hätte ich den Kontakt abgebrochen oder zumindest deutlich reduziert.

Meine Haltung meinen Eltern gegenüber hat sich erst geändert, seit ich verstehe, wie die Zusammenhänge sind, welche Wurzeln die Problematik hat. In meinem Fall war es so: Meine beiden Eltern haben bereits den Ersten Weltkrieg als Kinder erlebt. Der Vater meiner Mutter ist 1916 gefallen, was bedeutet, sie ist ohne Vater in Armut aufgewachsen. Und nach schrecklichen, lebensbedrohlichen Erlebnissen im Zweiten Weltkrieg zeigten beide, nach heutigem Wissen, klassische Trauma-Symptome. Meine Mutter war oft wie in Trance, ganz in sich zurückgezogen, mit depressiven Phasen, Schlafstörungen, Schmerzen ohne medizinische Diagnose. Sie war manchmal so, als flöge sie durchs Weltall. Ein Zustand, den wir heute als dissoziiert bezeichnen. In diesem Zustand war sie nicht greifbar für uns Kinder, wie nicht da – keine Hilfe, kein Schutz, kein Halt.

Mein Vater war vielfach »geladen«. Wenn er abends nach Hause kam, tasteten alle seine Stimmung ab. War er aufgeregt, dann konnte er auf Kleinigkeiten hochexplosiv reagieren. Wie ein Tiger lief er hin und her. Ich fürchtete mich vor seinen Ausbrüchen, die über mich hinwegfegen würden. Widerspruch wertete er als Angriff, er war sofort in Kampfesstimmung. Ich bin nicht gegangen, sondern geblieben, so wie die meisten meiner Generation, und musste dann im Laufe der Jahre erkennen und verarbeiten, welche Begrenzungen und Folgen das alles für mein Leben und auch für mich als Mutter hatte. Diese Verarbeitung, das Erkennen der Zusammenhänge hat einige Zeit gebraucht, in der ich mich innerlich ganz auf mich konzentriert habe. Eine Zeit, in der ich mich zumindest innerlich von meinen Eltern abwenden und distanzieren musste, um ihnen später sehr nahe und dankbar zu sein.

So war es leicht, als ich das erste Buch zum Thema Kontaktabbruch schrieb, die auf Distanz gehenden erwachsenen Kinder gut zu verstehen. Und ich muss gestehen, das Wort »verlassene Eltern« war und bleibt aus meiner Sicht ein schwieriger Begriff, denn die originäre Aufgabe von Eltern ist es natürlich, ihre Kinder ins Leben zu entlassen. Eltern, das wissen wir heute über eine gute Bindung und Beziehung, sollten ihren Kindern Liebe, Halt und Geborgenheit geben. Ihre Persönlichkeit stärken, ihnen das Gefühl von Lebenssicherheit und Selbstbewusstsein geben, um den Nachwuchs dann ins Leben ziehen zu lassen, mit dem Wunsch, dass die flüggen Kinder um ihre Wurzeln, ihr Zuhause, ihre Herkunft wissen. Solche Eltern hätten wir, die Alten und Älteren, uns alle gewünscht. Aber in unserer Generation war das selten der Fall. Wären wir damals in diesem Sinn behandelt und geliebt worden, dann hätten wir genau das weitergegeben. Dann hätten wir unsere Kinder so geliebt und bestärkt, wie wir geliebt und bestärkt worden wären. Wir wären in diesem Sinne eine gute Mutter oder ein guter Vater gewesen, denn Eltern haben nicht die Absicht, ihrem Kind zu schaden. Aber die Lebenswirklichkeit war und ist eine andere.

Diese Lebenswirklichkeit ist ausschlaggebend für die Beziehungskonflikte. Die erwachsenen Kontaktabbrechenden haben Eltern, die im Zweiten Weltkrieg oder kurz danach in der Zeit des Hungers und der Entbehrungen geboren sind, und viele Betroffene kämpfen und kämpften zeit ihres Lebens mit den erfahrenen Schrecken, weil sie nie verarbeitet wurden. Oder sie sind Kinder der Wiederaufbauzeit, die so viel aushalten mussten, so viel Beschädigung erlebt haben, dass ihnen das bis heute im Nacken sitzt. Hier im Kontext des Buches meine ich die von autoritärer Erziehung geprägte Zeit, die bis in die 1970er-Jahre reicht, bis sich die Haltung gegenüber den Kindern veränderte und aufgeklärter, liberaler wurde. Sich das, was ich »das ganze Bild« nenne, anzuschauen, wird für Sie als Betroffene herausfordernd sein, und es braucht eine Portion Mut. Vieles, was Sie lesen werden, kann Dinge anrühren, die man lieber unberührt lassen wollte. Aber für Sie, die Sie den Bruch mit Ihrem erwachsenen Kind hinnehmen müssen, ist das Schlimmste ja bereits passiert. Und die tiefliegenden Hintergründe zu verstehen, wird erleichternd sein.

Kapitel 2:
»Ich spreche ihre Sprache nicht mehr« oder Kontaktabbrüche, ein Generationenkonflikt?

Nehmen die Kontaktabbrüche zu? Sind Sie als betroffene Eltern mit diesem Thema allein? Hat sich in dem Verhältnis zwischen Eltern und ihren erwachsenen Kindern etwas verändert? Durch alle Medien geistert seit einigen Jahren die immer gleiche Zahl: Hunderttausend erwachsene Kinder sollen nach Aussagen von Sozialwissenschaftlern die Beziehung zu Mutter und Vater oder einem von beiden unterbrochen haben. Die Quelle dieser Zahl ist nicht auszumachen und mir scheint sie stark untertrieben. Ich glaube, es handelt sich hier um eine weit verbreitete Problematik. So bestätigt mein Kollegen-Netzwerk, dass die Kontaktabbrüche ein zunehmendes Thema in der Psychotherapie sind. Die Psychologin Sandra Konrad, die sich auf die mehrgenerationale Therapie spezialisiert hat, sagt in einem Interview[2], sie glaube, dass die Dunkelziffer noch viel, viel höher liege.

Also mache ich mich auf die Suche nach Zahlen, Fakten und Studien, die dazu etwas aussagen. Es gibt keine deutschen Untersuchungen, die gezielt Kontaktabbrüche in den Blick nehmen. Die bisher einzige deutsche Studie zum breiteren Thema der Entfremdung in Familien, die im Oktober 2021 erschienen ist, ist dennoch

2 Ayerle, Nina: Mama, Papa, ich will euch nie wiedersehen!, in: *Spektrum KOMPAKT* v. 12.2.2021, www.spektrum.de/news/wenn-kinder-den-kontakt-zu-ihren-eltern-abbrechen/1808894

aufschlussreich. Die Headline der Pressemitteilung der Universität Halle dazu heißt: »Funkstille in der Familie: Ein Fünftel aller Erwachsenen entfremdet sich vom Vater.« Die Autoren Oliver Arránz Becker und Karsten Hank, beide Professoren für Soziologie, haben dazu von 2008 bis 2018 die Angaben von »Kindern« im Alter von 18 bis 45 Jahren erhoben, die keinen gemeinsamen Wohnsitz mit ihren Eltern haben. Mehrfach wurden zehntausend Personen zu ihrer familiären Situation befragt. Von einer Entfremdung sprechen die deutschen Forscher bei einer Kombination aus zwei Kriterien: Wenn Kind und Elternteil weniger als einmal im Monat Kontakt haben und sich dann auch noch emotional nicht nahestehen.

Das Ergebnis: »Entfremdung ist ein häufiges Phänomen in der Eltern-Kind-Beziehung. Innerhalb von zehn Jahren (Zeitraum der Studie) entsteht diese Distanz bei 20 Prozent aller erwachsenen Kinder und ihren Vätern, dagegen nur bei neun Prozent der Mütter. Dies lässt sich damit erklären, dass die Bindung zur Mutter oft enger ist als zum Vater.« Ob es sich beim Kind um einen Sohn oder eine Tochter handele, heißt es weiter, spiele dabei kaum eine Rolle.

Das bedeutet: Jede fünfte Vater-Kind-Beziehung ist betroffen, bei Müttern ist es knapp jede zehnte. Warum Väter deutlich häufiger betroffen sind, hat mit den Scheidungen und Trennungen zu tun, denn noch immer leben 85 bis 90 Prozent der Kinder bei den Müttern. Zudem stellen die Soziologen fest, dass Trennungen der Eltern sowie neue Partner der Elternteile die Konflikte begünstigen. Eine weitere interessante Zahl: In 62 Prozent der Fälle näherten sich in dem Befragungszeitraum die Kinder ihrer Mutter wieder an und 44 Prozent ihrem Vater. Oftmals sei das distanzierte Verhältnis nicht dauerhaft.[3]

---

3 https://pressemitteilungen.pr.uni-halle.de/index.php?modus=pmanzeige&pm_id=5301. Becker, Oliver Arránz; Hank, Karsten: Adult Children's Estrangement from Parents in Germany, in: *Journal of Marriage and Family* 84,1 (2022), S. 347–360.

Hank erklärt auf meine Nachfrage, dass er nicht sagen könne, ob die Untersuchung einen Hinweis auf die Zunahme der familiären Entfremdung sei, weil es keine Daten über einen langen Zeitverlauf gibt.

Die ermittelten Zahlen klingen in meinen Ohren wie ein Paukenschlag. Es geht hier um die 18- bis 45-Jährigen. Das Statistische Bundesamt zählt die Bevölkerung in Gruppen von null bis zwanzig, zwanzig bis vierzig und vierzig bis sechzig Jahre. Dabei wird allein die Gruppe der 20- bis 40-Jährigen mit 20 600 000 beziffert. Auch wenn es in dieser Studie keine Aussage über absolute Zahlen gibt, bekommen wir eine Ahnung, wie viele Menschen von den Familienkonflikten betroffen sind. Bei sehr vorsichtiger Bezifferung bewegen sich die Fälle im Vier-Millionen-Bereich, was die Väter, und im Zwei-Millionen-Bereich, was die Mütter betrifft.

Weltweite Perspektive

Eine andere Gewichtung hat das Thema in den angloamerikanischen Ländern. Schauen wir zum Beispiel nach Großbritannien. Dort nimmt man die gesellschaftliche Dimension des Themas sehr ernst. Es gibt in London seit zehn Jahren die Charity-Organisation StandAlone, die einzige Organisation weltweit, die sich auf das Thema Entfremdung in der Familie spezialisiert hat, weil die Not der Betroffenen so groß sei. Ihre Ausrichtung: »Wir unterstützen Menschen, die von ihrer Familie oder ihren Kindern getrennt sind. Unser Anliegen ist es, das Stigma um diese Entfremdung herum aufzubrechen und betroffene Menschen in ihrem täglichen Leben zu unterstützen.«[4] Das tun sie in Einzel-, Gruppen- und Fachberatungen.

4 www.standalone.org.uk. Das Originalzitat lautet: »We support people who are estranged from their family or children. Our primary objective is to break down the stigma around estrangement and support estranged people in their daily lives.«

StandAlone hat verschiedene landesweite Untersuchungen in Auftrag gegeben. Danach gaben acht Prozent der Befragten an, selbst den Kontakt zu einem Familienmitglied abgebrochen zu haben. In absoluten Zahlen bedeutet das, dass mindestens fünf Millionen Menschen in Großbritannien keinen Kontakt mehr zu einem Familienmitglied haben. (Die Einwohnerzahl des Landes liegt bei rund 67 Millionen.) Zudem gaben 19 Prozent der Befragten an, dass innerhalb ihrer Familie ein Mitglied den Kontakt beendet habe. Das bedeute, so StandAlone, dass etwa zwölf Millionen Familienmitglieder von dem Thema Entfremdung in der Familie betroffen sein könnten. Unter »entfremdet« verstehen sie, anders als im deutschsprachigen Raum, dass die Kommunikation mit diesem Familienmitglied eingestellt wurde.[5]

Eine landesweite Umfrage in den USA unter Leitung des Soziologen und Mediziners Karl Pillemer von der Cornell University aus dem Jahr 2019 ergab: Jeder vierte Mensch über 18 Jahren berichtet von einer aktuellen Entfremdung von einem Elternteil.[6] In den USA, Australien und Kanada sprechen akademische Forscher und Therapeuten von einer »stillen Epidemie« der Familientrennungen.

Die Kontaktabbrüche und ihre Folgen haben also eine Dimension, über die wir öffentlich reden sollten. Es geht nicht ausschließlich um einzelne beziehungsweise individuelle Problematiken, sondern das Ganze ist auch ein gesellschaftliches Phänomen. Und die Bewertungen, die Scham, der Stempel eines persönlichen Versagens und die Selbstanklagen der betroffenen Eltern sind so

---

5 StandAlone: The Prevalence of Family Estrangement, 2015, www.standalone.org.uk/wp-content/uploads/2013/08/StandAlonePrevalenceRESEARCH3.pdf

6 Bastian, Jonathan: Estrangement. Why Are Adult Children Cutting off Their Parents?, 18.6.2023, www.kcrw.com/culture/shows/life-examined/joshua-coleman-estrangement-parents-adult-children

schwerwiegend, wie das allgemeine Wissen über diese Problematik oberflächlich ist.

Das veränderte Elternbild

Seit Erscheinen meines ersten Buches zu Familienkonflikten 2008 höre ich Schilderungen von Hunderten von Betroffenen. Eines erstaunt mich immer wieder: Die jungen Erwachsenen formulieren sehr klar, was ihr Mangelempfinden in der Beziehung zu ihren Eltern ist. Ich selbst habe viele Jahre Selbsterfahrung gebraucht, um das Verhältnis zu meinen Eltern in seiner ganzen Brüchigkeit so ausdrücken zu können, wie es heute Normalität geworden ist. Die Töchter und Söhne etwa ab 1980 verstehen mehr als jede Generation zuvor von der inneren Dynamik der Eltern-Kind-Beziehung. Sie wissen, was die Psychologie, die Bindungsforschung über eine gute, sichere Bindung schreiben.

Natürlich gab es nie eine heile Welt ohne Familienkonflikte. Aber ich glaube, in der Form der Auseinandersetzung hat sich etwas Wesentliches verändert. Die Vorwürfe der erwachsenen Kinder zielen auf eine unzureichende Beziehung, eine mangelnde Bindungsfähigkeit der Eltern. Ihren Eltern, so die Jungen, fehle die Fähigkeit zu einer Sicherheit gebenden Bindung. Sie vermissen entweder die Nähe oder den Respekt vor ihrer Autonomie, ihrer Person. Dabei scheint mir die Terminologie der Vorwürfe radikaler und kompromissloser zu werden.

Der Psychoanalytiker Wolfgang Schmidbauer schreibt im November 2020:

> *»Erwachsene Kinder, welche Fehler ihrer Eltern beklagen, sprechen heute vor allem über Mängel in der Erziehung. Sie vergleichen*

ihre Eltern mit dem Bild, das sie von ›wirklich guten‹ Eltern entworfen haben. Sie überzeugen sich, dass die Probleme, die sie jetzt als Erwachsene haben, mit der Differenz zwischen den realen Eltern und diesem Idealbild zusammenhängen.«[7]

Eine Aussage, die beinhaltet: Das Bild der theoretisch besten Bindung ist der Maßstab, an dem die Eltern gemessen werden. Das, so glaube ich, ist neu. Wir Älteren und Alten hatten kaum ein Bild davon, wie unsere Eltern sein sollten oder wie gute Eltern grundsätzlich sind. Es gab bestenfalls Vergleiche mit den Eltern von Freunden, bei denen man sich wohler fühlte als zuhause. Familien, anhand derer wahrgenommen wurde, dass es auch andere Formen der Beziehungen gab. Damals gab es Erziehungsnormen, Regelwerke über gutes Benehmen und richtiges Verhalten, aber keine Ratgeber, wie eine liebevolle, sichere Bindung aussehen kann und aussehen sollte.

Ich weiß nicht, ob das nachvollziehbar oder nur meine subjektive Wahrnehmung ist, aber ich glaube, Ältere haben sich an dem »bescheuerten«, schrecklichen Verhalten ihrer Eltern abgearbeitet, heute werden Eltern in Gänze in Frage gestellt. Die Beziehung steht oftmals grundsätzlich zur Disposition.

Eine neue Freiheit

Mit folgender kleiner Episode möchte ich meine Beobachtung verdeutlichen: »Ich bin kein Baum, das heißt, ich kann gehen!« Diesen für mich erstaunlichsten Satz während meiner Recherche hörte ich von einer 33-jährigen Journalistin. Sie interviewte mich für einen

7 Schmidbauer, Wolfgang: Immer auf die Eltern, in: *Psychologie heute*, Nr. 11/2020.

Radiobeitrag zum Thema Kontaktabbruch. Dazu muss ich sagen, dass ich vor 35 Jahren als junge Journalistin selbst in dieser Rolle war und für den Rundfunk, genau wie sie, Interviews führte. Ich erinnere mich, dass ich damals eher unsicher und vorsichtig-zurückhaltend bei meinen Befragungen war. Ganz anders wirkt diese junge Frau, sie ist selbstsicher und klar, so wie ich viele Frauen ihrer Generation erlebe.

Schon durch ihre Fragen wird ihre Perspektive auf die Familienkonflikte deutlich und es kommt nach dem offiziellen Teil zu einem kleinen Austausch zwischen uns. Sie erklärt auf meine Frage, wie sie zu den Abbrüchen stehe: »Ich lasse mir sicher nichts mehr bieten, wenn mir eine Beziehung nicht guttut, dann gehe ich. Ich bin kein Baum, ich kann gehen.« Sie spreche viel mit ihren Freundinnen und Freunden über diese Fragen und was ihnen wichtig sei: »Wir schauen, was tut uns gut und was bedeutet Stress. Damit meine ich nicht so einen kleinen Stress, den man immer wieder mal hat, sondern einen Stress, der mir Lebenskraft nimmt, der mich richtig belastet. Und da, wo ich keine Lösung sehe, da habe ich die Möglichkeit zu gehen. Ich muss mir nicht alles bieten lassen. Das würde ich nicht nur mit meinen Eltern, sondern auch in meiner Partnerschaft so tun.«

Ich muss durchatmen. »Dachte mein Umfeld, meine Altersgruppe auch so? Drehte es sich bei uns auch so stark um das ICH, um das eigene Wohlbefinden?«, frage ich mich. Sicher nicht. Meine Generation hat eher im Familien-WIR gedacht, wir steckten in einer Familienloyalität, die oftmals hochbelastend war. Die Mehrheit war damals nicht so klar, nicht so selbstbewusst und sie hat in der Regel eines gelernt – den großen Familien-Stress auszuhalten. Wir sind nicht gegangen.

Die Journalistin drückt aus, was ich in meiner Praxis häufig von den jüngeren Frauen und auch Männern höre: »Wir wollen keine Eltern, die unser Handy checken, die alles, aber auch alles wissen wollen, die ängstlich im Hintergrund kontrollieren, damit ihrem Kind nur ja nichts geschieht.« Und sie fügt noch etwas über die für sie merkwürdigen Erziehungsnormen der Eltern an: »Wir wollen auch keine Großeltern für unsere Kinder, die sagen: Man muss das Baby auch mal schreien lassen, das tanzt dir ja sonst auf der Nase herum.« Als ich einwende, dass die Eltern mit solchen Grundsätzen groß geworden sind, dass sie genau das an sich selbst erleben mussten, ist sie erstaunt. Ich schildere ihr, wie Kinder der Kriegs- und Nachkriegszeit behandelt wurden, was also die Eltern, um die es hier geht, in ihrem Rucksack haben. Das sei ihr neu, darüber habe sie nie nachgedacht.

Einig sind wir uns in der Beobachtung, dass sich viele ihrer Generation therapeutische Unterstützung suchen, um sich von schmerzhaften Familienmustern zu befreien. »Wir finden Therapie prima«, sagt sie. Was für ein Unterschied! Es ist nicht so lange her, da sprach man noch vom »Irrenarzt«, den man nicht brauchte, man war doch nicht »bekloppt«. Die wenigen, die sich trauten, einen Psychologen aufzusuchen, haben es eher heimlich getan. In den 1980er-, 1990er-Jahren wurde Therapie langsam gesellschaftsfähiger. Man begann zu verstehen, dass sie eine Unterstützung sein kann. Für die Jungen sind im 21. Jahrhundert Coachings und Therapie Teil des Alltags, eine Lebenshilfe, für viele Ältere oft noch ein schambesetzter Vorgang, das Indiz eines Zustandes, der nicht sein darf. Die Organisation StandAlone hat mit der Universität Cambridge eine kleine Untersuchung unter Studenten durchgeführt, die keinen Kontakt mehr zu ihren Eltern hatten. 78 Prozent der Teilnehmer gaben unter anderem an, sich Hilfe bei einem Coach oder Therapeuten gesucht zu haben.[8] Das entspricht auch mei-

---

8 Hidden Voices. Family Estrangement in Students, www.standalone.org.uk/wp-content/uploads/2018/02/STAND-ALONE-HIDDEN-VOICES-SINGLE-PAGES-1-2.pdf

nen persönlichen Daten. Sehr viele der erwachsenen Töchter und Söhne suchen sich externe Unterstützung.

Selbstreflexion – eine Generation, die erstmals spricht

»Ich spreche ihre Sprache nicht mehr«, höre ich häufig Eltern über ihre erwachsenen Kinder sagen. Und genau das erlebe ich als einen der wesentlichen Unterschiede. Die kontaktabbrechenden Töchter und Söhne sprechen über sich und ihre Gefühle in einer Freiheit und Offenheit, die ich von den Elterngenerationen so nicht höre. Auch junge Männer stellen sich, ganz anders als ihre Väter, Gefühlen und setzen sich mit ihrer Geschichte auseinander. Viele dieser Generation sind es gewohnt, sich mit Freunden auszutauschen. Sie haben Freundschaften, in denen Intimstes geteilt und vertrauensvoll besprochen wird. Sie lesen Ratgeber und psychologische Literatur, schauen Videos von Fachleuten, teilen ihre Gedanken in digitalen Netzwerken. Dazu gehört auch, dass ihre Sprache mehr und mehr von einer therapeutischen Terminologie angereichert ist. Es gibt beispielsweise Chats zu dem raumgreifenden Thema »Meine Eltern – eine toxische Beziehung«.

In dem Podcast *tabularasa* zum Thema »Funkstille in der Familie« bringt es eine der Autorinnen, Ende 30, auf den Punkt: »Wir sind wahrscheinlich die Generation, die mehr als jede Generation zuvor versucht, sich selbst zu reflektieren und sich mit der Prägung ›Number one‹, sprich dem Elternhaus, zu beschäftigen.«[9]

---

9 Funkstille in der Familie. Wenn Kinder den Kontakt zu den Eltern abbrechen, in: Podcast *tabularasa – weg mit Tabus*, 28.2.2023, www.ardaudiothek.de/episode/tabularasa-weg-mit-tabus/funkstille-in-der-familie-wenn-kinder-den-kontakt-zu-ihren-eltern-abbrechen/sr-2-kulturradio/12406349/

In den sozialen Medien wird immer häufiger über *Cycle Breaking* gesprochen. Gemeint ist: Wie kann der Kreislauf von problematischen und schädlichen Verhaltensmustern in den Familien unterbrochen werden? Die jungen Erwachsenen, die jetzt Eltern werden, entscheiden sich bewusst dazu, ungute Verhaltensweisen, die bleierne Schwere des Unausgesprochenen, die sie aus ihren Herkunftsfamilien kennen, zu unterbrechen. Sie wollen Familienproblematiken nicht an ihre Kinder weitergeben. Ohne die alten Tabus setzen sich viele der jungen Erwachsenen mit destruktiven Mustern ihrer Familien auseinander. Sie schauen hin, wo früher nie hingeschaut, nie hingefühlt wurde.

Das Gegenteil gilt für die Eltern. Für sie ist es oftmals noch immer schambesetzt und befremdlich, offen über die Familienangelegenheiten zu sprechen. Diese Generationen haben gelernt: »Wie es drinnen aussieht, geht niemanden etwas an«, und: »Immer lächeln, alles ist gut«, auch wenn sich die Probleme zuhause stapeln. Und wenn das Familienthema doch angesprochen wird, ist es an Schuldgefühle gekoppelt. Die alte erlernte Angst, die Selbstanklage, etwas falsch gemacht zu haben, die Selbstzweifel springen sofort an. Die Eltern haben noch lernen müssen: Fehler machen geht nicht! Denn wenn du etwas nicht richtig gemacht hattest, folgte die Bestrafung auf dem Fuße. Dazu später mehr. Diese Tendenz wird glücklicherweise langsam unterbrochen, denn zunehmend suchen sich jetzt betroffene Eltern auch Hilfe und Unterstützung.

Fühlen erlaubt – Fühlen verboten

Die Jungen reden nicht nur über sich, ihre Herkunft, ihre Problematiken. Sie gehen auch ihren Gefühlen nach, sie lassen ihre innersten Empfindungen zu. Sie haben weniger Angst, ihren Gefühlen auf die Spur zu kommen. Sie trauen sich sozusagen in die Höhle der inneren Empfindungen, an die Schmerzpunkte der Familienthematik.

Mit folgender sehr typischer Geschichte möchte ich beschreiben, was ich damit meine:

Elsa, Anfang dreißig, spricht seit drei, vier Jahren nicht mehr mit ihren Eltern. Sie fühlte sich schon als Kind wie eine Fremde in ihrer Familie, verbrachte vorwiegend die Zeit allein in ihrem Zimmer. Sie beschreibt eine hochangespannte Familienatmosphäre, vor der sie sich verkrochen habe. Alkohol spielte dabei eine Rolle. Ihre Eltern, sagt sie, hätten sie nie wahrgenommen, hatten keinerlei Verständnis für sie und ihre Entwicklung, sondern wollten, dass sie ihren Vorstellungen und Werten entsprechen sollte. Vor allem der Vater wollte ein »liebes« Mädchen und hatte klare Auffassungen, wie sie sich verhalten sollte.

Elsa ringt nach dem Kontaktabbruch mit ihrer Einsamkeit und dem Gefühl, nichts wert zu sein. Sie braucht die Distanz zu ihrer Herkunftsfamilie, um spüren zu können, wer sie ist und was ihr Leben, ihre Fähigkeiten ausmachen. Sie lässt sich auf einen selbstreflektierenden Prozess ein, der auch bedeutet, schmerzhafte Gefühle zuzulassen und zu verarbeiten. Sie nimmt wahr, wie sehr sich die unguten Erinnerungen in ihr als Körperstress angereichert haben. Und mit der Verarbeitung wächst die junge Frau langsam in ihren eigenen Wert hinein. Mehr und mehr bejaht sie sich selbst.

Nach einiger Zeit der Funkstille erhält sie eine WhatsApp-Nachricht von ihrer Mutter, die schreibt: »Ich denke an dich und hoffe, es geht dir gut.« Ich bin mir sicher, die Mutter hat das genau so gemeint, denn sie wird ihre Tochter vermissen und sich wünschen, dass es ihrem »Kind« gut geht. Aber Elsa »liest« die Nachricht anders: »Meine Mutter meint bestimmt, ich soll doch wieder lieb sein.« Und sie erklärt mir, was sie an ihrer Mutter so wütend macht: »Ich erlebe meine Mutter als unterwürfig und kraftlos. Bei jedem Konflikt dreht sie durch.« Und ihr Vorwurf heißt: »Wäre meine Mutter stärker gewesen, dann hätte sie mir zur Seite stehen können.« Vorsichtig frage ich Elsa, was sie von ihrer Mutter weiß und ob sie verstehen kann, warum die Mutter so ist, wie sie ist? »Nicht viel«, sagt sie, und dann erinnert sie sich, was ihre Mutter einmal über ihre eigene Kindheit erzählt hat. Aus Gründen des Persönlichkeitsschutzes will ich nicht berichten, worum es geht, nur so viel: Ihre Mutter ist als Kind auf bedrückende Weise beschämt und erniedrigt worden. Und schon hier sei gesagt, dass die Mutter mit ihrer Vergangenheit keine Ausnahme, sondern etwas Typisches abbildet.

Die Tochter spricht neutral über die Geschichte der Mutter, ohne eine erkennbare Berührung. Ich vermute, wenn sie genau das, was ihre Mutter erlebt hat, in einem Film sehen würde, kämen ihr die Tränen. Aber auch die Mutter hat es vor vielen Jahren so neutral erzählt. Die Gefühle dazu wurden und werden nicht angetastet, als sei das Fühlen verboten. Dieses »Fühl-Verbot« gilt sicher für die Mutter und die Tochter hält sich an das Tabu.

Mich berührt die Geschichte der Mutter sehr, und ich verstehe, was sie hat kraftlos werden lassen. Ganz sicher kann sie dem Wunsch der Tochter nicht entsprechen und einfach entscheiden: Ich bin jetzt stark. Sie wird die Erlebnisse weggepackt haben und vermeiden. Sie hat sich arrangiert und verdrängt ihren Urschmerz. Die Tochter wünscht sich, dass ihre Mutter anders ist, dass sie sich mit sich selbst auseinandersetzt, und sie soll stärker sein. Sie kann noch nicht sehen, dass ihrer Mutter das nicht möglich ist, oder besser gesagt, *noch* nicht möglich ist, denn in jedem Alter ist eine Verarbeitung mit therapeutischer Unterstützung möglich. Festzuhalten ist: Elsas Mutter hat Erlebnisse durchgemacht, die die Tochter niemals erleben musste. Und ihre Mutter will darüber nicht nachdenken, geschweige denn nachfühlen, und das ist ihr Überlebensmechanismus, ihr Schutz.

Gefühle verdrängen, ein notwendiger Schutz

Wir alle verdrängen, vermeiden und verleugnen. Wir erinnern uns nicht mehr an Situationen, die einfach zu viel waren und für die es keine Lösung gab. Verdrängen beginnt im Alltag, mit der Flut der erschreckenden Bilder, die wir täglich sehen und in ihrer Wucht gar nicht verarbeiten können. Wir machen einfach dicht. Das Verdrängen von erlebtem Schmerz, von Bildern, erschreckenden Vorfällen ist ein ständiger Prozess, der uns vor zu großer Belastung schützt. Diese Abwehr ist grundsätzlich ein notwendiger und gesunder Vorgang, der uns hilft, ein weitgehend normales Leben zu führen. So werden vor allem traumatische Erlebnisse abgespalten und aus dem aktiven Bewusstsein verbannt, weil sie so bedrohlich sind, dass der damit verbundene Stress den Menschen überfluten könnte. Diesen Vorgang nennt man Dissoziation.

Wir verdrängen, weil uns der Inhalt des Verdrängten Angst macht. Weil es Dinge sind, die wir, als sie geschehen sind, nicht bewältigen konnten. Das gilt vor allem für die Kindheit. Kinder erleben in ihrer Fragilität oft Dinge, die für sie bedrohlich sind oder erscheinen. Und wenn niemand hilft, wenn sie damit alleingelassen werden, ist das Vergessen oder Wegschieben in einen nicht mehr fühlbaren Bereich erst einmal eine geeignete Lösung.

Je bedrohlicher die Erfahrungen, je einschneidender und erschreckender die Erlebnisse, umso mehr Kraft brauchen wir, um sie wegzudrücken und unter dem Deckel zu halten. Was wir vermeiden und nicht anschauen wollen, ist angstbesetzt und beunruhigend, und das wollen wir nicht mehr spüren. Was überwältigend war, daran wollen wir nie wieder rühren oder wir wollen es nicht wahrhaben. Das kann bis zur Verleugnung gehen, als sei das Gewesene nie gewesen.

Aber die stressgeladenen Erlebnisse lösen sich nicht auf, sie sind nur verschoben. Der Körper jedoch erinnert sich. Kopf- und Rückenschmerzen, Spannungen im Körper sind Anzeichen dafür. Das Verdrängte führt im Untergrund sein Eigenleben, und es wird dann problematisch, wenn der Schutz nicht mehr richtig funktioniert. Wenn die unverarbeiteten Erlebnisse aufsteigen, wenn sie sich unverdaut und unverarbeitet ihren Weg bahnen, dann zeigen sie sich als seelische Symptome. Dazu gehören diffuse Ängste, depressive Zustände, aber auch Wut und stressige Verhaltensweisen. Die Themen sind eben nicht vergessen und schon gar nicht erledigt. Darüber gibt es viel gute Literatur und im Internet Videos. Empfehlenswert finde ich die erklärenden Videos von Dami Charf, die auch einen eigenen YouTube-Kanal hat.

Selbstfürsorge versus Selbstbeschränkung

Zurück zu der Geschichte von Elsa und ihrer Mutter und der Frage, warum sie so exemplarisch ist. Elsa möchte etwas von ihrer Mutter, was diese aber nicht einlösen kann. Ihre Mutter wird gar nicht wissen, was die Tochter meint, was sie für Reflexionen einfordert. Zu groß ist der verdrängte Schmerz, denn sie hat nicht die Sicherheit, die es braucht, sich dem zu stellen. Elsa hingegen hat die Ressourcen, das zu tun. Sie hat unterstützende Beziehungen, hat Menschen gesucht und gefunden, die sie verstehen. Ganz bewusst entfernt sie sich von den Umgangsformen ihrer Familie. Sie bewegt sich in sozialen Medien, die ihr Vorgehen ermutigen.

Sie hat keine Scheu vor Therapie, hat das Wissen, das es ihr leichter macht, sich ihren seelischen Problemen zu stellen. Damit bewegt sie sich in einem Umfeld, das es sehr begünstigt, den eigenen Weg zu gehen und sie unterstützt, die Angst vor den Gefühlen zu überwinden. Es ist ihr Weg, egal wie arg und schmerzhaft sich der Prozess auch anfühlt. Die Jungen bewegen sich in einer Welt, in der das, was wir heute Selbstfürsorge nennen, zu einer Selbstverständlichkeit geworden ist.

Das ist für mich ein entscheidender Unterschied, denn der Mehrheit in den Elterngenerationen fehlt diese Wahlmöglichkeit. Sie sind nie motiviert, nie unterstützt worden, sich ihren Schattenthemen zu stellen. In diesem Buch werden Eltern zu Wort kommen, denen das Wort Selbstfürsorge fremd ist. Was sie gelernt haben, ist Selbstbeschränkung, nicht im materiellen, finanziellen Sinn, sondern was ihre Gefühlswelt betrifft. Geld und Konsum haben zu wollen, ist legitim, aber bei den eigenen Gefühlen und emotionalen Bedürfnissen, da sind sie fast unbeholfen. Das haben sie nicht gelernt, da schränken sie sich noch immer ein. Die eigene seelische Welt bleibt für viele ein unbetretenes Land.

Das hat zur Folge, dass sie mit Teilen ihrer Geschichte, ihres Lebens nicht im Kontakt sind. Sie spüren sich nicht gut, weil wichtige Bereiche des Selbst ausgeblendet bleiben. In diese Bereiche zu fühlen, macht ihnen große Angst. Das ist kein individuelles Manko, sondern der gesellschaftlichen und politischen Geschichte geschuldet. In den folgenden Kapiteln wird es genau darum gehen. Die Alten und Älteren sind mit Sprachlosigkeit, Tabus, Stress, Verdrängen der familiären Problematiken groß geworden. Es fehlte die Sicherheit, dass jemand da sein könnte, der einen in dieser Verletzlichkeit auffangen würde. Aber diese Sicherheit ist die Grundlage dafür, sich zu öffnen. Erst die Gewissheit, mit all seinem Kummer angenommen zu sein, nicht verurteilt und bewertet zu werden, ist die Voraussetzung für eine Selbstreflexion. Aber das haben wir, und da kann ich mich selbst nicht ausnehmen, nicht gelernt, denn damals war niemand da.

Die Elterngenerationen berichten sehr oft von einer grundlegenden Einsamkeit, die sie ihr Leben lang begleitet, und diese Einsamkeit veranlasst viele bis heute, so zu tun, als bräuchten sie keine Hilfe. Sie tun es ab mit: »Ach was, das brauche ich nicht!« Damals gab es keine Sozialpädagogen an der Schule, keine Coaches, wenig Therapieangebote, kaum Literatur, die einem hätte die Augen öffnen oder helfen können. Wir sind als junge Erwachsene mit einem Rucksack ins Leben gestolpert, der sehr viel Lieblosigkeit, Beziehungskälte, Tabus und Sprachlosigkeit beinhaltet hat.

Diejenigen, die heute vor dem Dilemma des Kontaktabbruchs stehen, gehören zu den Generationen, die gelernt haben, ihre emotionalen Wünsche zurückzustellen. Allein Begriffe wie »mein Bedürfnis« oder »ich brauche« oder gar das Wort »Bedürftigkeit«, das alles wird gemieden. Schlimmer noch, es ist mit Scham besetzt. Denn wer als Kind keine Unterstützung bekommen hat, der hat schon früh beschlossen: »Ich brauche nichts und niemanden!« Im Weiteren dazu mehr.

Eine neue Beziehungswährung

Das Bedürfnis nach Geborgenheit und Sicherheit wurde lange und wird in den Elterngenerationen noch immer über die materielle Sicherheit ausgelebt und ausgedrückt. Geld, Hab und Gut waren in den ersten Jahrzehnten nach dem Krieg gleichbedeutend mit einem Schutz. Es war beruhigend. Das schnell wachsende »Wirtschaftswunder« der 1950er- und 1960er-Jahre ermöglichte endlich einen Sparvertrag, ein Auto, Urlaub in Italien, dann die Versicherungen, die einem das Gefühl einer garantierten Absicherung gaben ... Wohlstand war verbunden mit dem Wunsch: Endlich ist alles gut. Und so erscheint für viele der Alten und Älteren bis heute die beste Mitgift für die eigenen Kinder eine finanzielle Unterstützung zu sein. Materielle Sicherheit wurde und wird oft noch immer durcheinandergebracht mit Liebe. Als wäre die ersehnte Sicherheit im Außen zu finden. Und betroffene Eltern formulieren in diesem Sinne: »Aber wir haben doch unseren Kindern alles ermöglicht« und sie meinen: »Wir haben sie doch lieb.«

Jetzt sind da jüngere Menschen, für die das Materielle keine Beziehungswährung mehr ist. Sicher auch, weil sie so viel Sicherheit im Rücken haben. Das gibt ihnen die Freiheit, sich mit dem Inneren zu beschäftigen. Viele nutzen die Chance. Und sie stellen grundlegende Fragen: »Was macht unser Miteinander aus? Wie möchten wir mit den eigenen Kindern sein?« Sie sprechen davon, dass nicht Luxus und materieller Erfolg sie glücklich machen, sondern dass es die Beziehungen sind. Dass Liebe, Freundschaft und Wertschätzung Voraussetzungen für Zufriedenheit sind. Und in diesem Sinne ist das *Cycle Breaking*, das Unterbrechen der alten familiären Muster, die so viel an Entfremdung gebracht haben, eine heilsame Entwicklung. Wenn ich mit Kontaktabbrechenden diese Gedanken teile, fühlen sie sich gesehen und verstanden. Auch wenn die Eltern das verständlicherweise anders empfinden, die erwachsenen Kinder sagen sehr häufig, dass sie in diesem Sinne den Kontakt nicht gegen die Eltern abbrechen, sondern es für sich und ihre Kinder, die nächste Generation, tun. Neben dem ganzen Schmerz des Verlassenseins ist diese Betrachtung vielleicht ein Aspekt, der Eltern ein wenig helfen kann, wenn sie sehen, dass ihre Kinder eine Entwicklung nehmen, die ihnen so nicht möglich war.

Stigmatisierungen, die nichts lösen

Natürlich hat diese Entwicklung im Umfeld der Jüngeren auch Schattenseiten, die ich kommentieren möchte, denn im öffentlichen Diskurs gibt es Gleichsetzungen, die nach meinem Verständnis höchst problematisch sind. Familienkonflikte, Kontaktabbrüche werden mit dem Begriff der Toxizität zusammengebracht. Eltern und ihr Verhalten seien toxisch, also giftig, beziehungsweise vergiftend. Gibt man im Internet nur folgende Suche ein: »toxische eltern – test«, erscheinen 137 000 Ergebnisse, die mit folgender Seite beginnen: »Hast du toxische Eltern? Teste dich«. Diese Seite wendet sich an Kinder! Weitere Seiten bieten Aussagen und Sätze von Eltern an, die beweisen sollen, wie untauglich und vergiftend Mütter und Väter seien. In den sozialen Medien sind diese Zuweisungen Normalität. Ich finde das beunruhigend, weil es zu dem gesellschaftlichen Bereich gehört, der mehr und mehr stigmatisiert und Feindseligkeit verbreitet. Als sei jemand legitimiert, andere zu bewerten und abzuurteilen. Kontaktabbrüche sind komplexe Vorgänge mit komplexen Hintergründen und kein Anlass, auf einen Elternteil mit dem Finger zu zeigen.

Der amerikanische Psychologe Joshua Coleman, Autor des Buches *Rules of Estrangement. Why Adult Children Cut Ties and How to Heal the Conflict*, sagt in einem Interview über die Entwicklung in den USA im Dezember 2023: Er sehe, dass die Entfremdung, im Sinne von Kontaktabbruch, immer akzeptabler und akzeptierter werde, als sei es eine Art sozialer Ansteckung, durch die sozialen Medien forciert.[10]

10 Family Estrangement is on the Rise. A Psychologist Offers Ways to Cope, 21.12.2023, www.npr.org/2023/12/31/1222370607/family-estrangement-is-on-the-rise-a-psychologist-offers-ways-to-cope. Coleman, Joshua: *Rules of Estrangement. Why Adult Children Cut Ties and How to Heal the Conflict*, Harmony, 2021 (Dt.: *Regeln der Entfremdung. Warum erwachsene Kinder die Verbindung zerschneiden und wie man den Konflikt heilen kann*. Das Buch ist bisher nicht übersetzt.)

In meinen Beratungen höre ich, dass Eltern als narzisstisch, als Borderliner, als manisch oder persönlichkeitsgestört bezeichnet werden. Das gipfelt darin, dass eine Tochter sich von ihrem Therapeuten bestärkt fühlt, der die Mutter als toxisch bezeichnet, während genau diese Mutter von ihrer Therapeutin hört, dass ihre Tochter narzisstisch sei. Das ist kein Einzelfall! Die Mutter ist natürlich schockiert, sie fragt sich, was sie falsch gemacht hat, dass ihre Tochter so krank ist und diese Diagnose bekommt. In diesem Bereich werden Zuweisungen ausgeteilt, ohne dass die Personen, die bewertet werden, je gesehen wurden. (Ausgenommen sind natürlich fachärztliche Diagnosen von Erkrankungen.)

Ich erlebe, wie diese Ferndiagnosen stigmatisieren und was sie anrichten. Denn so ein zugeschriebenes Merkmal bleibt. Das setzt sich in den Hinterköpfen fest. Es ist ein Stempel, der sich kaum ausradieren lässt. Und wozu soll das dienen? Haben solche inflationären Kennzeichnungen einen Gewinn? Erwachsene Kinder nutzen ihr erworbenes Teilwissen dazu, Vater oder Mutter zu beurteilen, ihnen ein pathologisches Verhalten zu attestieren. Manchmal, wenn ich Chats zum Thema lese, muss ich schlucken, denn man kann den Eindruck gewinnen, als hätten sehr, sehr viele Eltern eine narzisstische Persönlichkeitsstörung. Geht es hier um Rechtfertigungen? In dem Sinne: Wenn du das und das bist, dann habe ich ein Recht auf mein Tun, dann muss ich mich abgrenzen und aus dem Kontakt gehen, denn ich darf und kann mich nicht länger dem »toxischen Verhalten« aussetzen.

Joshua Coleman beschreibt in dem Interview genau diese Problematik. Er zieht eine Grenze zwischen den Eltern, die weiterhin missbräuchlich, verletzend und zerstörerisch seien, die sich, ganz gleich, wie gut man mit ihnen kommuniziere, nicht ändern wollten. Dagegen seien die Eltern, mit denen er und seine Kollegen arbeiten, Menschen, die bereit für eine eigene Therapie oder auch offen für eine Familientherapie seien. Eltern, die die Verantwortung für die Familiensituation übernähmen. Und das werde durch Zuweisungen wie »Du bist ja ein Narzisst oder ein *Gaslighter* (krankmachender Manipulator)« verunmöglicht. Das sei ein großes Problem in der Gesellschaft. Er sagt wörtlich: »Wir haben eine Kultur, die sehr reich an einer Sprache der Trennung und Individualisierung, der Etikettierung und Diagnose ist, aber eine völlig verarmte Kultur, was die Vorstellungen von Verbundenheit, von beiderseitiger Verflechtung und von gegenseitigem Vertrauen angeht.«

Keine Frage, die Problematik ist da, Kontaktabbrüche sind das Indiz für schwere Beziehungskonflikte. Nur diese Begrifflichkeiten führen zu nichts. Ich glaube, sie machen den Konflikt nur auswegloser, denn sie bieten keine Lösung an. Solche Worte können wie ein Urteil wirken und weitere Keile in Familien treiben, ohne wahrzunehmen, warum ein Mensch ist, wie er ist. Die Eltern, von denen ich hier spreche, das ist in der Einleitung definiert, haben ihren Kindern nicht mutwillig schaden wollen. Und nehmen wir das Wort toxisch in seiner Bedeutung, sie wollten ihre Kinder ganz sicher nicht vergiften. Ich kenne nur Eltern, die das, was sie konnten, gegeben haben, das war ihr Bestes. Und diese Eltern konnten wegen ihres Hintergrundes nicht sehen, dass ihr Bestes nicht das Beste für ihr Kind war. Oder wie Sandra Konrad sagt: »Manche Eltern waren für die Kinder nicht gut genug – und trotzdem die besten Eltern, die sie sein konnten.« Manchmal frage ich mich, wie wohl die nächsten Generationen über ihre Eltern sprechen werden, denn kein Leben wird ohne Fehler gelebt.

Zwei Seiten einer Medaille: Das ganze Bild sehen

Damit komme ich zu dem Gedanken, der sich durch das ganze Buch ziehen wird. Wir sind zwar keine Bäume, aber wir haben Wurzeln. Verwandtschaft kann nicht aufgelöst oder abgeschnitten werden. Schon in unserer Geburtsurkunde ist unauslöschlich festgehalten, wer unsere Vorfahren sind. Und so fallen die schwerwiegenden Familienkonflikte nicht vom Himmel, sie haben Wurzeln. Ohne die Beschaffenheit dieser Wurzeln zu sehen, sind die Zerwürfnisse nicht zu verstehen. Ich nenne es »das ganze Bild«. Wir leben in unserer Familiengegenwart, die nicht so beschaffen wäre, wenn es die Familienvergangenheit nicht gäbe.

In diesen Tagen trifft mich ein Ereignis, das beschreibt, was ich damit meine. Ein alter Freund aus der Jugendzeit, kurz nach dem Krieg geboren, nimmt nach Jahren Kontakt mit mir auf. Wir hatten uns ein bisschen aus den Augen verloren. Als wir uns treffen, spüre ich, er möchte reden, denn er ahnt, dass seine Zeit bald vorbei sein wird. Es geht vor allem um seinen Vater, und ich erinnere mich, dass es schon früher, als wir noch keine zwanzig Jahre alt waren, oft um diesen nicht anwesenden Vater ging. Dieser Vater, der sehr früh seine Frau mit drei Kindern verlassen hat. Manchmal tauchte er auf, um der Mutter Geld auf den Tisch zu legen. Ein Vater, der für seinen Sohn kein gutes Wort, keinerlei Respekt hatte und schon gar keine Unterstützung war. Im Gegenteil, der ihn im Stich gelassen hat und ihm vermittelte, eine Niete zu sein. Die Mutter war an den Folgen des Verlassenwerdens zerbrochen.

Mein Freund, ein hochintelligenter Mann, hat seinen Weg gemacht, aber die Wut war immer spürbar und auch eine Unsicherheit, denn sein Vater hatte sein Selbstwertgefühl untergraben. Er nutzte früher gerne Fremdworte, die keiner aus unserer Clique kannte, und ich kam mir dann manchmal ein bisschen dumm vor.

Es war, als müsse er sich über sein Wissen Anerkennung verschaffen. Er selbst wurde Vater von drei Kindern. In unserem Gespräch höre ich dann, dass er kaum Kontakt mit ihnen hat. Und er sagt zu mir sehr aufgewühlt: »Claudi, ich habe es nicht geschafft. Ich habe genau das, vor allem mit meinen Söhnen, wiederholt, was mein Vater mit mir gemacht hat.« Und er meint damit, dass er es nicht geschafft hat, sich dem zu stellen. Jahrzehntelang hat er verleugnet, dass das Thema Vater überhaupt eine Bedeutung für ihn habe. Über ihn schimpfen, das ging, aber über die Tragweite dieser Problematik zu sprechen, davor war die Angst zu groß. Er spricht von einer Scham, die es verhindert hat, sich Hilfe zu holen. Hilfe zu benötigen, hätte doch bedeutet, dass er es allein nicht hinbekommen hat. Jetzt im Alter kann er klar sehen, was er mit seinen Kindern versäumt hat. Wenige Wochen nach unserem Gespräch hat mein Freund diese Welt verlassen.

Die Kinder meines verstorbenen Freundes haben, wie alle erwachsenen Kinder, natürlich eine ganz eigene Perspektive. Sie leben im Jetzt, in ihrer Gegenwart, und sie fragen erst einmal nicht warum und wieso. Sie werden mit ihrem eigenen Vaterthema ringen. Sehr leicht ist vorstellbar, dass sie sich von ihm vernachlässigt fühlen, nicht geliebt, nicht gesehen, dass sie enttäuscht und wütend sind, dass er sich nicht gekümmert hat. Und das zu Recht, denn sie hätten einen Vater gebraucht. Die Kontaktabbrechenden haben ihre eigene Geschichte und daraus entstehen ihre Vorwürfe und Klagen, das ist ihre Sicht.

Die Sicht des Vaters, und das gilt für alle Eltern, ist eine andere. Aus seiner Herkunftsgeschichte heraus hat sich sein Leben entwickelt mit all seinen Wünschen und Hoffnungen auf Besserung, aber eben auch mit all den Vermeidungen, dem Teil, zu dem man nicht hinschauen will. Aber das, was man damals als Kind vermisst hat, hat einen weitreichenden Einfluss auf das Verhalten und Tun.

Bildlich ausgedrückt: Wenn du von denen, die hinter dir stehen, nicht das bekommen hast, was du gebraucht hast, wie sollst du es nach vorne weitergeben? Natürlich gibt es viele andere Ereignisse, die jedes Leben bestimmen und bereichern, aber die früh erlebten Defizite neigen dazu, unbewusst weitergegeben zu werden. Dazu beobachte ich etwas Bemerkenswertes, was in den nächsten Kapiteln immer wieder beschrieben wird: Die Vorwürfe, die Klagen, die die erwachsenen Kinder heute an ihre Eltern richten, sind eigentlich nicht neu. Sie klingen so wie die, die die heute vom Kontaktabbruch betroffenen Eltern an ihre Eltern hätten richten können, das aber haben sie niemals getan. Die Kinder meines verstorbenen Freundes haben den gleichen Schmerz zu beklagen, den ihr Vater in sich getragen hat. Darin drückt sich aus, was in der Psychologie als die transgenerationale Weitergabe von Familienmustern bezeichnet wird. Und die Familienthemen werden so lange auf eine Weise problematisch sein, bis sich Beteiligte aufmachen und das Muster durchbrechen.

Kapitel 3: Auch Eltern sind Kinder ihrer Zeit – Kindheiten in Not

Die Kontaktabbrechenden beklagen einen Bindungsmangel. Wie aber steht es um ihre Eltern, was haben sie für eine Bindungsqualität erlebt? Das zu fragen, gehört zu dem »ganzen Bild«. Und so möchte ich Sie in den nächsten zwei Kapiteln auf eine Erinnerungsreise mitnehmen, die unsere erwachsenen Kinder nie erlebt haben und hoffentlich nie erleben werden. Es ist eine Reise, deren Bilder wir lieber vergessen würden, aber sie hat uns und unser Beziehungsleben stark geprägt. Es wird um die Kriegs- und Nachkriegsjahre, die Zeit des »Wirtschaftswunders« und noch darüber hinaus gehen. Eine Zeit, über die der Psychoanalytiker Hartmut Radebold gesagt hat: »Die Folgen sind nicht verschwunden. Ich sage immer: Das ist unter einer stabilen seelischen Betondecke erhalten geblieben. Abgekapselt.«[11]

Meine Fragestellung wird sein: Was haben die Eltern, die damals Kinder waren, erlebt? Wie ist man mit ihren Bedürfnissen umgegangen, wie ist es um ihre Gefühlswelt bestellt gewesen? In welcher Verfassung sind ihre »inneren Kinder« heute? Denn das, was wir als das »innere Kind« bezeichnen, also die gespeicherten Erinnerungen und Gefühle, die kindlichen Erlebniswelten, die

---

11 Gels, Heike: Die Folgen des 2. Weltkrieges für die Kinder, 24.10.2023, www.ekhn.de/themen/geschichte/geschichts-news/die-folgen-des-2-weltkrieges-fuer-die-kinder

uns so prägen, all das gilt für jeden Menschen. Auch für die Eltern, denen jetzt vorgeworfen wird, nicht in adäquater Weise da gewesen zu sein. Die Frage heißt also: Was tragen diese Eltern für Erfahrungen in sich, was haben sie über Bindung, Familie, über das Miteinander gelernt, was sind ihre Beschädigungen? Und welche Folgen hat das alles für die nachfolgenden Generationen, die jetzt auf Distanz gehen?

Ein kurzer Abstecher in die Theorie

Zuvor möchte ich kurz skizzieren, was wir heute über die Eltern-Kind-Verbindung wissen. Früher wird das eher wie »böhmische Dörfer« geklungen haben, aber heute überblicken wir, was Kinder im Idealfall für eine gute und altersgerechte Entwicklung und ein gutes Gedeihen brauchen, was unter einer guten fürsorglichen Bindung zwischen Eltern und ihren Kindern zu verstehen ist. Es handelt sich hier nicht um eine neuzeitliche Erfindung, es gilt und galt für alle Generationen auch für uns Alte und Ältere. Bindung beginnt mit dem ersten Kontakt zwischen den Eltern und dem Kind, es ist ein gemeinsamer Rhythmus, eine Zwiesprache, in der die Mutter und der Vater verstehen, was ihr Kind braucht, denn das ist ja gerade zu Beginn zu 100 Prozent von ihnen abhängig. Bindung ist ein fein abgestimmtes System, in dem das Kind signalisiert, was sein Bedürfnis ist, und die Mutter und der Vater verstehen dieses Signal und vermitteln damit das Grundgefühl von Aufgehobensein. Kinder brauchen nicht nur Essen, Trinken, Schlaf, gleichwertig dazu ist ihr seelisches Grundbedürfnis nach Sicherheit und Geborgenheit im Kontakt. Sie brauchen die haltgebende Nähe, den Schutz der Mutter und des Vaters oder anderer wichtiger Bezugspersonen. Diese vermitteln ihnen: Ich halte dich,

ich bin da. Das Kind spürt: Ich bin nicht allein, ich bin wichtig, geliebt und beschützt.

Wenn es einem Kind an Essen, Trinken oder Schlaf mangelt, kennen wir die Folgen. Fehlt dem Kind der Schutz und das Wahrgenommenwerden, ist das ebenso gravierend. Das Kleine fühlt sich verlassen, erlebt, keiner ist für mich da, es gerät zunehmend in eine Hilflosigkeit und Angst und im Weiteren in ein Ohnmachtsgefühl. Kinder brauchen die Beruhigung der Eltern, denn allein kommen sie aus einem aufgeregten Zustand nicht heraus. Sie brauchen den Halt. Entbehren Kinder häufig diese Form der Verbindung, werden sie zunehmend in einen Zustand von Einsamkeit geraten, und sie spüren sich nicht mehr, weil das Verlassenheitsgefühl nicht zu ertragen ist. Und das wird sich in ihnen eingraben. Daneben entwickelt sich ein Gedanke, der im Laufe der Zeit wie eine Gewissheit wird: Ich bekomme nicht die Hilfe, die ich brauche. Also mache ich es allein, ich brauche dich nicht, ich brauche niemanden. Ein Glaubenssatz, der lebenslang Folgen haben kann.

Ein zweites elementares seelisches Bedürfnis gehört zu uns: die Unabhängigkeit, die Autonomie, die freie Selbstbestimmung. Das zu verstehen, ist wichtig, wenn es um Kontaktabbrüche geht. Viele der erwachsenen Kinder fühlen sich ganz besonders in ihrem Bedürfnis, frei und sie selbst zu sein, nicht akzeptiert. Das Bedürfnis nach Eigenständigkeit beginnt ganz früh. Hat ein Kind die Sicherheit, den Halt der Eltern im Rücken, wird es schon mit dem ersten Krabbeln beginnen, die Welt zu entdecken. Später will es »groß werden«, möchte sich frei und eigenständig entfalten, zeigen, was es kann. Sein Wesen – das, was in ihm steckt –, seine Einzigartigkeit, sein Wert will gesehen und respektiert werden.

Die seelischen Kernbedürfnisse heißen also nah sein und frei sein dürfen. Die beruhigende Nähe gibt Sicherheit, Halt und Geborgenheit. Das Freisein, die Akzeptanz dessen, was ich mitbringe, wie ich sein mag, ist die Grundlage des Selbstwertgefühls. Wenn ein Kind beides bekommen hat, ist es, als hätte man ihm innere Schwimmflügel mitgegeben, und die lassen es nicht so schnell untergehen. In solch einer Familienatmosphäre kann uns nichts passieren, wir fühlen uns nicht angegriffen, nicht beurteilt, nicht kritisiert, nicht gepusht, sondern geliebt. Es ist die Abwesenheit von Anspannung, von Stress, von in Deckung gehen. Der Körper ist entspannt, und wir können sein, wie wir sind.

Wenn wir diese grundlegenden kindlichen Bedürfnisse als Maßstab, als Messlatte für die Elterngenerationen anlegen, dann können wir einschätzen, wie groß ihr Mangel war, was ihre »inneren Kinder« missen mussten. Denn die heute verlassenen Eltern sind diejenigen, die die Bilder und Erlebnisse der Kriegszeit, der schweren Jahre unmittelbar danach und der belastenden Zeit der 1950er- und 1960er-Jahre in sich tragen. Und so berichte ich in den folgenden Kapiteln ausführlich von Menschen, die uns einen Einblick in das gewähren, was so typisch für ihre Generationen gewesen ist. Wir werden sehen, dass diese Menschen, diese Eltern, in ihrer Kindheit einen eklatanten Mangel in der Befriedigung ihrer grundlegenden Bedürfnisse erlebt haben. Wir werden sehen, was passiert, wenn unaushaltbare gesellschaftliche und familiäre Bedingungen ausgehalten werden müssen. Wenn Nähe und Geborgenheit vermisst werden. Wenn die Umstände das Kind in eine überfordernde Selbstständigkeit zwingen. Wenn das Bedürfnis nach Selbstwirksamkeit und Autonomie sich verkehrt in eine Scheinautonomie, in der das Kind funktionieren muss, aber nicht wirklich frei sein kann.

Es sind die Biografien, die das nachvollziehbar machen, was ich meine, wenn ich »das ganze Bild« entstehen lasse.

Die »Kriegskinder« und ihre Eltern

Was also waren das für Elternbeziehungen, die die Generationen erlebt haben, deren erwachsene Kinder heute den Kontakt abbrechen? Wie sahen die Familien aus?

Erst einmal wird es um die 1930er- und 1940er-Jahrgänge gehen. Diese »Kriegskinder«, von denen das nächste Kapitel handelt, sind die Ältesten von den Kontaktabbrüchen Betroffenen. Unterschiedliche Quellen geben verschiedene Zeiträume an, wer zu den Kriegskindern gezählt wird. Die einen sprechen von den Jahrgängen 1930 bis 1945. Andere nennen die Jahrgänge 1930 bis 1947 oder sogar 1949, weil nach 1945 die Not, der Hunger, die Kälte so schrecklich waren. Millionen dieser Kinder haben Bombardierungen, Angst, Hunger, den Tod des Vaters oder seine Kriegsgefangenschaft erlebt, wurden von ihren Müttern und Geschwistern durch Evakuierungen getrennt. 14 Millionen Menschen waren zwischen 1944 und 1947 auf der Flucht. Und wir werden sehen, welche Bedeutung es bis heute hat, dass sehr viele dieser Kinder, die heute zwischen Mitte siebzig und über neunzig Jahre alt sind, den Krieg nur äußerlich unversehrt überstanden haben. Alle diese Kriegskinder haben Eltern, die den Zweiten Weltkrieg mit all seinen dramatischen Folgen in sich trugen, deshalb werden diese in der sozialpsychologischen Literatur auch die »Kriegseltern« genannt. Und viele dieser Kriegseltern hatten bereits den Ersten Weltkrieg und das Ende des Kaiserreichs erlebt.

Mir scheint es wichtig zu fragen, wie bindungsfähig die Eltern der Kriegskinder, also die Großeltern der Kontaktabbrechenden waren. Funktionieren, hart wie Leder und nicht nahbar sein, mit Erziehungsnormen aufgewachsen, die da hießen: »Wer sein Kind liebt, züchtigt es« – das sind Charakteristika, die dieser Generation oftmals zugeschrieben werden. Damals war die schwarze, autoritäre, teils aus dem Kaiserreich stammende und von den Nazis durchdrungene Pädagogik die Regel. Die Eltern der Kriegskinder forderten von diesen gerade in den Kriegs- und Nachkriegsjahren, was sie sich selbst abfordern mussten: Immer machen, immer müssen, nie zur Ruhe kommen. Überleben und funktionieren. Später ging es darum, materielle Werte aufzubauen. Zwischenmenschliches blieb auf der Strecke. Aber das ist nur die eine Seite. Diese Kriegseltern kannten auch den inneren Rückzug, die Sprachlosigkeit, waren nicht erreichbar und oftmals in ihren traumatischen Erinnerungen, ihrem Kummer oder ihren Ängsten verloren.

Man kann es ihnen nie recht machen – die sehr alten Eltern

Grundsätzlich bezeichnen ihre »Kinder« diese Kriegseltern, die den Zweiten Weltkrieg als Erwachsene erlebt haben, »als sehr schwierig«. Folgende Schilderung einer Tochter, Jahrgang 1949, drückt vieles über das Binnenverhältnis aus:

»Für meine Mutter, sie ist 98, ist immer irgendetwas falsch. Das falsche Altenheim, die falsche Wäsche, die Bluse nicht richtig gebügelt ... oder der fehlende Besuch, obwohl ständig jemand bei ihr ist. Immer beklagt sie sich, und das ist kein richtiges Klagen, sie klagt mich an: ›Ach, du weißt doch, ich hätte das und das gewollt, warum denkst du denn nicht daran! Hast du dich endlich um die Wäsche gekümmert?!‹ Nie, weder heute noch früher, konnte ich es ihr recht oder gar etwas richtig machen. Und dann wieder sehe ich die Panik in ihren Augen und sie kommt mir vor wie ein verlorenes Kind. Neulich hat sie gesagt: ›Ich fühle mich so leer, so einsam, ich bin so unruhig.‹ Aber reden kann ich nicht mit ihr, weder über ihre Geschichte noch über uns. Ich traue mich nicht. Die Problematik zwischen uns ist nicht mehr zu lösen. Manchmal tut sie mir auch leid. Nie habe ich von ihr den Satz gehört: ›Ich hab dich lieb.‹ Überhaupt, über Liebe zu sprechen, war schambesetzt und peinlich.«

Zeit ihres Lebens haben viele der »Kinder« ihre Eltern als herumkommandierend, ständig fordernd erlebt und das auch hingenommen, beziehungsweise sie nehmen es noch immer hin. Die selbst schon in die Jahre gekommenen Töchter und Söhne leiden bis heute unter der Härte ihrer Eltern und bedauern, dass der Vater oder die Mutter so fordernd, so unbeugsam, so wenig herzlich, sondern weiterhin kühl und gefühlsarm waren oder sind. Es geht um eine Generation, die ihre Vergangenheit beschwiegen und ihr Leid, ihre Erinnerungen ganz weggepackt haben. Sie sind und waren »hart wie Kruppstahl«. Noch aus dem Pflegezimmer oder Altersheim geben sie Anweisungen.

Das Erstaunliche ist, dass die große Mehrheit ihrer erwachsenen Kinder trotz dieser fehlenden herzlichen Verbindung bei den Eltern geblieben ist und sich nicht von ihnen abgewandt hat. Irgendwie sind die Kriegskinder und ihre Eltern über das Unaussprechbare der schrecklichen Erlebnisse wie seelisch miteinander verbunden. Ab 1968 haben zwar einige der Kriegskinder, aber vor allem der Nachkriegskinder, die Väter und Mütter herausgefordert und es gab schwere Auseinandersetzungen über ihre nationalsozialistische Zugehörigkeit und über ihre Beteiligung im Krieg. Aber die Kontaktabbrüche aufgrund des emotionalen Mangels, die begannen erst später.

Die erste Generation, die den Kontakt abbricht

Die Kinder der Kriegskindergeneration sind historisch wohl die ersten erwachsenen Töchter und Söhne, die bewusst die Beziehungen in Frage stellen, die sich bewusst von ihren Eltern trennen. Eine Entwicklung, die, wie schon beschrieben, im Zusammenhang mit dem zunehmenden pädagogischen und psychologischen Wissen steht. Dann sind da die Kinder, etwa ab den 1970er-Jahren und in den folgenden Jahrzehnten geboren, ihre Eltern gehören zu der Generation, die wir die »Wirtschaftswunderkinder« nennen, also den Geburtsjahrgängen der 1950er- und 1960er Jahre. Aus meiner Sicht sind das die Familien, die besonders vom Kontaktabbruch betroffen sind, um sie wird es in Kapitel 5 gehen. Die kontaktabbrechenden Kinder beklagen unter anderem, dass sie keinen echten Kontakt zu ihren Eltern finden und ihn noch nie hatten. Ihre Hauptvorwürfe, und es sind keine vereinzelten, sondern kollektive, lauten: Die Mütter und Väter seien hart, unnahbar, zeigten emotionale Kälte und keine Liebe, vermieden Körperkontakte oder aber sie seien überliebend und klammernd. Sie seien im Kontrollwahn, cholerisch, tyrannisch, dominant und wüssten immer genau, was für ihr Kind das Richtige sei. Oder aber sie seien depressiv, ängstlich und schweigend, kraftlos, wollten beschützt und geschont werden und man musste sich schon als Kind um sie kümmern. Andere sehen Mutter oder Vater in ständiger Sorge und Besorgtheit beziehungsweise in Katastrophenangst. Einig sind sich viele, dass den Eltern Arbeit und Prinzipien oftmals wichtiger waren als die Kinder, denn sie seien mehr an Materiellem, an Äußerlichkeiten als an ihnen interessiert gewesen. So weit die Vorwürfe und interessanterweise klingen sie nicht sehr viel anders als die Beschwerden ihrer eigenen Eltern den Kriegseltern, also den Großeltern, gegenüber.

Persönliche Schwäche oder ein kollektives Geschwächtsein?

Im folgenden Kapitel wird es um diese Kriegskinder gehen und wie sie zu den »Problem-Eltern« haben werden können. Dabei ist mir die Frage wichtig: Steckt hinter all den Vorwürfen der heute erwachsenen Kinder eine persönliche Schwäche, eine individuelle Unzulänglichkeit ihrer Eltern oder geht es um einen größeren Zusammenhang? Subjektiv wird das für die meisten Töchter und Söhne ein ganz persönliches Thema sein. Wir sehen jedoch, es ist nicht nur ein individuelles Problem, es sind die Folgen eines kollektiven Geschwächtsein und es betrifft einen großen Teil dieser Generation. Die Bedingungen haben die Beziehungen geprägt und diese Beziehungsmuster haben Folgen bis hin zu den nachfolgenden Generationen.

Kapitel 4: Wir Eltern wollten alles richtig machen und konnten es nicht – die Kriegskinder

Helga H.s Geschichte

Ich beginne mit einer ganz typischen Mutter-Tochter-Beziehung beziehungsweise Beziehungsproblematik und bin sicher, viele Betroffene werden sich auf die eine oder andere Weise dort wiederfinden. Es geht um die Lebensgeschichte von Helga H., so möchte sie hier genannt werden.

Helga H. ist im Krieg geboren. Als ich sie kennenlerne, ist sie achtzig Jahre alt. Vier Jahre ist das her und wir haben schon manche Gespräche geführt. Seit zwölf Jahren hat sie so gut wie keinen Kontakt zu ihrer Tochter, ihrem einzigen Kind. Von dem Vater trennte sie sich früh, die Tochter war 18 Monate alt. Mein erster Gedanke, als ich sie sehe: Sie ist eine Dame. Überaus geschmackvoll gekleidet. Haare, Brille, alles sehr gepflegt. Ihr Gang aufrecht, ihre Haltung und ihre Körperspannung lassen sie jünger aussehen. Sie hat mich für unser Interview in ihr Haus eingeladen. Alles ist dort sehr geschmackvoll gestaltet. Ihre Bemerkung dazu: »Ich möchte es schön haben. Ich weiß, das ist vielleicht zweitrangig, aber jedes Teil hat seinen Platz. Es ist sauber, hell und ordentlich arrangiert, das liebe ich. So lässt es sich besser leben.«

Frau H. wird mir viel von sich, ihrem Leben und ihrem Verständnis der Welt erzählen. Und ich bin heute glücklich, dass sie eingewilligt hat, dass ich hier ihre Lebensgeschichte aus meiner Feder darstelle. Glücklich deshalb, weil Frau H. mich besser verstehen lässt, was es bedeutet, im Krieg geboren zu sein, und wie diese Gewalt, diese Not und die Zerrissenheit einen ein Leben lang prägen. Sie lässt erkennen, auf welche Weise diese Umstände das Leben begrenzen und welche Folgen diese frühen Erfahrungen auf die menschlichen Beziehungen haben. Ich mag Helga H., denn sie hat neben einer strengen und vornehmen Ausstrahlung Humor und ein liebevolles, sehr freundliches Herz. Ein Herz, das allerdings gelernt hat, ängstlich, zurückgezogen und auch argwöhnisch zu sein. Ihr Kommentar dazu: »Im Schneckenhaus kann man nicht so verletzt werden.«

Sie kann eigensinnig und unbeugsam sein und Sätze äußern wie: »Ich lege Wert auf Äußerlichkeiten und Benehmen. Wer sich nicht benimmt, kann keinen Blumenstrauß bei mir gewinnen.« Disziplin und auch Härte gehören zu ihrer Existenz. »Ohne Struktur geht es nicht.« Meine Interpretationen dazu lassen sie immer wieder aufhorchen. Das, so sage ich, sei ihre Lebensressource, ihr Potenzial. Disziplin und sich durchstrecken haben ihr die lebensnotwendige Stabilität und Stärke gegeben. Ihre Kinderseele habe sich zu schützen gelernt, um die dunklen, harten Zeiten zu bewältigen. Und das Folgenschwere: Diese Kinderseele sei nie gesehen worden.

Unser Gedankenaustausch bewegt sich zwischen diesen beiden Polen – da ist ihre Sehnsucht nach Herzenswärme und Weichheit, und dann ist da ihre Disziplin, das Zähsein. »Ich funktioniere gut«, sagt sie: »Ich bin hart im Nehmen, bin mein Leben lang durchmarschiert und das war eine Hochleistung.«

Wir treffen uns am Vormittag gegen 11 Uhr in ihrem Haus, und ich frage sie, wie so ein Morgen bei ihr aussieht. Sie sei schon sehr früh aufgestanden, habe den Haushalt gemacht, die Terrasse habe gesäubert werden müssen, dann habe sie noch ein Rezept bei ihrem

Arzt abgeholt, um danach für mich Kaffee zu kochen und ein Gebäckstück vorzubereiten.

»Meine Tochter hat ja gesagt, dass es zwanghaft sei, was ich mache, und sie hat Recht, das ist doch zwanghaft ...«, sagt sie und schmunzelt, wissend, dass sie nicht anders kann.

Aber fangen wir von vorne an: Helga H. ist 1940 im Ruhrgebiet geboren. Dort hat sie die ersten vier Jahre mit Unterbrechungen in einem Stadtteil gelebt, von dem bekannt ist, dass genau dort zwischen 1943 und 1944 sehr viele Bomben gefallen sind, denn in der Nähe lag eine kriegswichtige Stahlindustrie. Es gab ständig Bombenalarm, Feuer durch Brandbomben und überall Zerstörung.

Gefühle, die nicht gespürt werden dürfen

»Ich kann mich nicht daran erinnern«, sagt sie, so, als bedeute ihre fehlende Erinnerung, dass die Bombardierungen gar nicht stattgefunden hätten. Aber der Albtraum war real. Und nach einer ganzen Weile räumt sie ein: »Ich mag keine Enge, das war für mich früher nicht gut und das ist es auch heute noch nicht. Ich kann Enge kaum ertragen.« Und auf Nachfrage, ob das mit ihren Kindheitserfahrungen zu tun haben könne, tauchen kleine Erinnerungsfetzen an die Schutzkeller auf, aber sie schildert es so, als gebe es keinen Zusammenhang zwischen diesen Ängsten und den frühen Erfahrungen:

»Gott sei Dank hatte ich einen Vater, der beim ersten Sirenenheulen nicht gleich in den Keller ging. Da wurde erst Radio gehört und dann wurde entschieden. Mein Vater hat mir auch erklärt, dass es zum Nachbarhaus eine Brandmauer gab und eine Tür, die man öffnen konnte, und die war auch geöffnet. Das heißt, wenn bei uns eine Bombe eingeschlagen wäre, hätte man in das Nachbarhaus entkommen können. Ein Ausweg, eine Fluchtmöglichkeit.«

Sie mag dann nicht weiter über den Krieg reden. Seit ich sie kenne, entgegnet sie mir, sobald das Thema Kriegskindheit aufkommt: »Wissen Sie, mir ist es doch nicht schlecht gegangen, anderen ging es viel schlechter als mir.« Sie bagatellisiert den Schrecken der Kindheit, als könne sie damit ihre persönliche Betroffenheit wegschieben oder durch das Herunterspielen der Tatsachen die Betroffenheit abwehren. Denn dieser fast beschwörende Satz bedeutet: Ich kann es bei anderen sehen, aber nicht bei mir. Ich für mich habe keinen Zugang dazu, wie beängstigend das alles war. Und noch bevor ein Gefühl zu dem Thema hochkommen kann, äußert sie einen ihrer frappierenden Gedanken, der die ganze Kriegsdramatik klein machen soll: »Ach wissen Sie, als der Krieg ausbrach, hat man auch nicht so ein Geschiss gemacht!«

Selbst als sie davon spricht, dass »irgendwann so eine Granate ganz nah an meinem Kopf vorbeigeflogen ist«, zeigt sie sich wenig berührt. »Dann ist man froh und dankbar, dass nichts passiert ist.« Auf meine Nachfrage, ob man als Kind diese Bedrohung empfindet, reagiert sie mit einem deutlichen: »Nein!«

Ein Leben lang ist es ihr gelungen, die Gefühle zu diesen Schreckenserlebnissen kleinzureden und von sich fernzuhalten. Aber Krieg ist für sie, wie für alle Kinder, eine tiefe Erschütterung. Und wenn es keine Aufarbeitung im Sinne von beruhigender Hilfe gibt, zerstören die Erlebnisse das Gefühl von Sicherheit, und die erlebte Bedrohung hat lebenslange Folgen. Der Körper, das Gehirn wittern dann im weiteren Leben potenziell Gefahr. Unsicherheit ist die Folge. Das Vertrauen, dass die Welt ein sicherer, freundlicher Ort ist, kann nicht wachsen. Das Leben wird als bedrohlich empfunden und das Vertrauen in die Zukunft hat einen Knacks. Aus dem Stress wächst Angst oder gar Panik – die Angst, jederzeit könne etwas Schreckliches passieren. Das alarmierte Gehirn hat gelernt, sich furchtbare Dinge auszumalen, die geschehen könnten und vor denen man sich schützen muss. Es ist ein Sorgenfilm, von dem man leider annimmt, er sei Realität. Aus kleinen Unsicherheiten werden bedrohliche Szenarien, die es gilt, schon im Vorfeld zu beherrschen.

Helga H. beherrscht es mit der Ausstrahlung: Ich kann das, ich stehe über den Dingen, ich bin gut, weil ich es in den Griff bekomme. Diese frühen traumatischen Ereignisse haben den Grundstein ihres lebenslangen Kontrollbedürfnisses gelegt. Der Verstand sagt: Ich muss es kontrollieren, bevor alles aus dem Ruder laufen könnte. Helga H. formuliert es so: »Man klagt nicht, man macht und man pariert. Ohne meine Disziplin, ohne die Kontrolle zu haben, wie hätte ich das überleben sollen.«

Aber sie realisiert daneben noch etwas anderes: »Ich will und wollte meine Schmerzen nicht spüren, nur leider ist es so, wenn mein Körper zur Ruhe kommt, spüre ich den Schmerz.« Und meint damit nicht nur ihren körperlichen, sondern auch ihren seelischen Schmerz. Denn etwas später fügt sie an: »Und ich halte damit meine Traurigkeit, die mich von Zeit zu Zeit anfliegt, gut in Schach. Ich weiß, Frau Haarmann, Sie sagen, das Eiserne hat mir geholfen und sei meine Ressource. Ja, es ist wahr, es hat mir geholfen in meinem Leben, vor allem auch in meinem Beruf, da war es wirklich wichtig, dass ich unbeugsam und zäh und, wie Sie sagen, eisern war. Gut, dass ich das konnte.« Und ergänzt mit einem schelmischen, wissenden Lächeln: »Schlimm, ne. Aber ich glaube, ich brauche das auch als Anerkennung für mich selbst. Ich bin stark, gradlinig und unermüdlich.«

Unnahbare Mutter, strenger Vater

Jetzt, im Jahr 2024, mit 84, verfolgen sie die Bilder des Ukraine- und Gaza-Krieges, und da taucht manches Ungewollte auf. Die Angst und ein Unwohlsein sind kaum mehr aufzuhalten.

»Wenn ich das Unheil dort sehe, kommen Erinnerungen in mir hoch. Zum Beispiel erinnere ich mich an die Fahrt mit dem Zug nach Niedersachsen zu meiner Großmutter. Sie lebte dort in einem Dorf, und wir, meine Mutter, mein Bruder und ich, zogen 1944 dorthin. Das war faktisch eine Evakuierung. Und ja, ich muss bekennen, ich hatte Angst. Wenn irgendwas Unvorhergesehenes passierte, habe ich mich so hilflos gefühlt. Heute könnte man darüber lachen. Meine Mutter fuhr von diesem Dorf mit dem Fahrrad öfter in die nächste Kleinstadt, um etwas zu besorgen. Ich saß hinten auf dem Gepäckträger. Dort gab es einen Bahnübergang, und das habe ich ihr immer vorgeworfen, ich war vier und sie hat mich vom Gepäckträger verloren und hat es gar nicht gemerkt. Da war die Angst. Ich habe gedacht, ich gehe verloren.«

Ich versuche herauszufinden: »Waren Sie und Ihre Mutter sich eigentlich nahe?« Sie antwortet: »Nein, das gab es doch damals gar nicht! Und ich muss dazu sagen, ich weiß auch gar nicht, ob ich das nachher gewollt hätte. Mir war körperlicher Kontakt ... nein ... Ist es fremd oder will ich es gar nicht? Aber Körperkontakt ist auf jeden Fall für mich ein Thema, zu viel Nähe fühlt sich für mich manchmal bedrohlich an.«

Da ist die Leerstelle, die ihr Leben beeinflusst hat. Sie drückt es wie folgt aus: »So angenommen zu sein, wie ich bin, das kenne ich nicht – ich will aber auch niemanden belästigen.« Einsamkeit spricht daraus. Und hier spüre ich den Grund meiner Geneigtheit zu ihr. Helga H. ist aufrichtig und ehrlich mit sich und nicht dramatisch. Fast nüchtern schaut sie auf ihr Leben.

»Da war eine Art Fremdheit zwischen uns. Ich bin von meiner Mutter immer vertröstet worden und später, wenn sie dann Zeit hatte, war das aus ihrem Kopf raus. Am Abend waren andere wieder da, die Bedürfnisse hatten, sprich mein Vater und mein Bruder. Mein Bruder war immer wichtiger. Meine Mutter war manchmal wirklich hart und ungerecht, was meinen Bruder und mich betrifft. Ich war es nicht anders gewohnt. So war das damals. Als Mädchen musste man sich hintanstellen, da gab es noch keine Emanzipation. Söhne waren was Besonderes. Wenn der seine Eisenbahn aufgebaut hat, dann wurde man in die Ecke geschubst. Wir spielten schon mal in den Trümmern zusammen, aber ansonsten war ich als Mädchen auch von ihm nicht unbedingt gewollt. Aber ich wollte nicht die zweite Geige spielen. Wenn mein Bruder die erste spielte, wollte ich mindestens den Platz daneben haben. Man hat es nicht erkannt, aber ich war als Kind ein kraftvolles und ein widerspenstiges Mädchen, was einen Willen hat. Eingeschüchtert war ich nicht. Dennoch, bis heute zeige ich ein Bild von mir, von dem ich annehme, dass es so gewollt ist. Wie schade ist das! Man kann ja nichts mehr ändern, mein Leben ist gelebt.

In meiner Kindheit hatte ich eine Freundin, deren Mutter hat schon morgens mit den Kindern gespielt und vorgelesen. Wenn ich meiner Mutter das erzählte, dann sagte sie: ›Haben die nichts anderes zu tun!‹ Ich bin im Schweigen groß geworden und bei uns zuhause wurde wenig gelacht. Das Leben war von Pflichten überlagert. So war das eben, man musste doch auch nach dem Krieg wieder was aufbauen. Meine Mutter hatte einfach keine Zeit, sie war eingespannt mit dem, was mein Vater beruflich nach dem Krieg aufbaute. Ich glaube, ohne meine Mutter hätte mein Vater das nicht geschafft, sie war gut in Buchhaltung und solchen Dingen.

Aber wahrscheinlich habe ich auf meine Tochter später genauso reagiert wie meine Mutter auf mich. Ich habe ja auch immer gearbeitet und hatte wenig Zeit. Ich habe oft zu ihr gesagt: ›machen wir später‹. Ich habe das Kind auch immer vertröstet.«

Helga H. hatte ihr Leben lang eine ambivalente Beziehung zu ihrer Mutter. Sie sagt: »Trotz alledem muss ich sagen, ich würde meine Mutter nie irgendwie anklagend sehen. Ich bin meiner Mutter dankbar. Sie hat alles getan, was sie tun konnte. Ich war versorgt, hatte immer zu essen ...« Das sagt sie so, als müsse sie ihre Mutter vor mir beschützen. Aber sie muss ihre Mutter nicht beschützen, denn mir ist klar, dass eine Frau, die ihre Kinder durch diese harte Zeit gebracht hat, mehr als ihr Bestes gegeben hat. Ihre Mutter hat meinen ganzen Respekt.

Obwohl sie gegenüber ihrer Mutter so loyal ist, weiß sie, dass zwischen den beiden etwas gefehlt hat. Das hat Helgas Leben stark beeinflusst. Als wir über die Beziehung zu ihrer Tochter und auch über ihre Partnerschaften sprechen, fragt sie plötzlich – es ist keine Frage, die sie an mich richtet, sie stellt diese Frage mehr sich selbst: »Was ist eigentlich Liebe?« Und vielleicht ist das die zentrale Frage ihres Lebens.

Die falsche Nahrung

An den Vater, ein Ingenieur, erinnert sich Helga H. vor allem als Macher, als zupackend und organisierend. »Mein Vater war ein Versorger.« Er organisierte, so berichtet sie, alles Lebensnotwendige, pendelte mit dem Fahrrad zwischen dem Ruhrgebiet und dem Dorf in Niedersachsen. Er habe damals in den Kriegswirren alles Hab und Gut versteckt und in Sicherheit gebracht. Vieles war auf diese Weise nach dem Krieg noch vorhanden.

»Ich lebe heute noch mit dem Silber meiner Eltern. Er hat alles bei einem Bauern versteckt. Ja, das ist einem gegenwärtig, dann denke ich, bei uns ist es noch gut gegangen. Ich weiß noch, als der Krieg zu Ende ging, marschierten die Besatzer, die Engländer, bei uns ein. Keiner wusste, wie die Engländer auf die Deutschen reagieren würden. Und wieder war da die Angst ... Mein Vater hat vorsorglich seine Mutter und uns drei, Mama, Bruder und mich, auf einen Leiterwagen gepackt. Mit seinem Überseekoffer, der war so groß, dass alles reinpasste. Er kannte die Gegend und wusste von einer Jagdhütte oder was Ähnliches und dann ist er losgezogen und hat uns dorthin gebracht. Die Hütte war natürlich verschlossen, er hat das Schloss aufgebrochen. Und da war wieder die Unsicherheit in mir, die Veränderung. Ich wusste ja nie, was kommt, und dann diese Enge in der kleinen Hütte, und damit kam die Angst.

Mein Vater arbeitete während des Krieges bei der Torpedo Versuchsanstalt von Werner von Braun in Peenemünde. Wie lange das lief, das weiß ich nicht. Das sind Fragen, und ich bedauere, dass ich sie nicht gestellt habe. Er war ja damit in einem kriegswichtigen Betrieb, aber wie das alles war, weiß ich nicht. Man hat ja nicht gefragt, auch nachher nicht. Schade.«

Für mich ist diese Haltung von Helga H. nicht neu, sondern typisch für die meisten Kriegskinder. Sie haben ihr Leben lang die Eltern vor potenziellen Anfeindungen geschützt. Denn sie waren doch trotz des jungen Alters atmosphärisch Zeuge und Mitwisser der Katastrophe und des Zusammenbruchs mit all seinen Folgen. Die Kriegskinder hatten Eltern, die es vermieden, sich mit der eigenen und der kollektiven Schuld zu beschäftigen. Manche empfanden gar das Ende des Krieges noch immer als Niederlage. Das waren also Eltern, die den Zusammenbruch und die damit verbundenen Verluste verdrängten. Die Familien setzten den ganzen Fokus auf den Neuanfang, das Aufbauen, auf die »Stunde Null«. Nazideutschland war gestern. Die Kriegskindergeneration hat sicherlich auch geschwiegen, um das ohnehin dünne Band zu den Eltern nicht zu gefährden. Vor dem Hintergrund verbot es sich, die Eltern in Frage zu stellen.

Ganz anders Teile der Nachkriegsgenerationen: Wir hatten offensichtlich mehr Freiheit, mehr Distanz, um Ende der 1960er-Jahre unsere Eltern massiv mit ihrer Vergangenheit zu konfrontieren.

Aber zurück zu Helga H., auch in ihrer Kindheit herrschten autoritäre Erziehungsmaßnahmen.

»Es ging streng zu bei uns. Was mein Vater sagte, musste gemacht werden. Es musste zum Beispiel gegessen werden, was auf den Tisch kam. Das ist für mich das Schlimmste gewesen. Wenn er zu Hause war, musste ich es essen, für mich war das Gewalt. Extrawürste gab es nicht. Ich esse bis heute keine Erbsensuppe und all diese Dinge, die es damals gab. Aber ich bin groß geworden mit Prinzipien wie: Man klagt nicht, sondern macht, oder: Aufstehen, Krone aufsetzen, weitermachen.

Heute weiß ich mehr, und ich wäre froh gewesen, wenn ich solche Gespräche wie mit Ihnen, Frau Haarmann, schon vor vielen Jahren hätte führen können. Denn heute kann ich sagen: Ich habe immer die ›falsche Nahrung‹ bekommen. Und es ist so schade, dass man die Leute nicht mehr fragen kann, warum wart ihr so zu mir?«

Der Schmerz, alles alleine zu schaffen

An dieser Stelle, wo einiges über das Leben und Erleben von Helga H. deutlich geworden ist, möchte ich, bevor es um die Beziehung zu ihrer Tochter gehen wird, beschreiben, warum mir gerade ihre Biografie so wichtig ist. Als wir uns kennenlernten, sprachen wir über ihr lebenslanges Gefühl, alles allein schaffen zu müssen. Mich interessierte, wie es für sie gewesen sei, sich bei Partnern oder Freunden Hilfe zu holen, also von Menschen, die sie nicht für ihre Dienstleistung bezahlte. Wie es für sie heute sei, auf Freunde zuzugehen und zu sagen: »Ich brauche deine Unterstützung, ich brauche Hilfe« oder gar: »Ich bin bedürftig, weil ich wegen meines Alters nicht mehr so kann.« Ihre Antwort kam wie aus der Pistole geschossen: »Bevor ich jemand um Hilfe bitte, springe ich lieber von der Brücke!« Der Satz hatte noch einen langen Nachklang in mir, auch wenn er tendenziell scherzhaft gemeint war. Helga H. formuliert in aller

Deutlichkeit: »Ich kann nicht um Hilfe bitten.« Und der Satz: »Ich brauche dich ...« – das ist für sie, wie für viele andere dieser Generation, fast ein Tabu, ein No-Go. Er wird assoziiert mit Schwäche, leidend sein, bedürftig und elendig und nicht mehr zu können. Er widerspricht der erlernten Disziplin und Kontrolle, denn das Leben muss beherrscht werden. »Ich will mein Leben lang selbstständig und auf keinen Fall auf irgendjemand angewiesen oder abhängig sein«, sagt Helga H.

»Mein Wunsch ist natürlich, dass ich mein Herz immer mehr Menschen gegenüber öffnen und dass ich über all das reden könnte«, sagt sie. »Das ist aber so schwer, ich habe es auch ein paar Mal probiert und merke dann, mit meiner Generation ist das schwierig. Wir haben nicht gelernt, offen zu reden, und es lief nicht so gut. ›Sei froh, dass du dein Herz noch nicht ganz geöffnet hast, es wäre nicht das Richtige gewesen‹, denke ich dann. Ich wäre wieder enttäuscht worden. Natürlich merke ich auch, dadurch ist meine Ausdrucksweise immer distanziert. Das schafft Abstand. Und ich weiß, wenn der Schmerz hochkommt, werde ich sehr ungerecht anderen gegenüber.«

»Und Sie, wo bleiben Sie dann«, frage ich sie, »kümmern Sie sich um sich selbst? Gibt es so etwas wie Selbstfürsorge?« Auch hier wieder eine deutliche Antwort: »Erst die Pflicht und dann das Vergnügen. Ich könnte mich nicht hinsetzen und ein Buch lesen, wenn noch irgendwas zu machen ist. Man funktioniert, wissen Sie, heute wird doch für jeden Pups zum Arzt gerannt, wenn ich das höre ... Ich meine, immer abwarten, es sind vielleicht nur vorübergehende Schmerzen.« Helga H. bestätigt meine Vermutung, dass sie in ihrem Leben viel Schmerzen ausgehalten habe, mit einem deutlichen: »Ja! Körperliche und seelische Schmerzen sicher auch. Ich zeige das perfekteste Bild von mir, so perfekt, dass keiner sehen kann, wie groß mein Herzeleid ist. Wobei ich nicht davon ausgehe, dass andere mein

Herzeleid überhaupt wahrnehmen.« Und an einer anderen Stelle höre ich sie etwas gedankenverloren sagen: »Manchmal frage ich mich: Warum habe ich kein Vertrauen? Ja, da gibt es was sehr Einsames in mir. Wissen Sie, wenn jemand mir unaufgefordert Gutes tut, dann kommen mir die Tränen. Ich bin dann so gerührt von der Zuwendung. Das heißt, die Sehnsucht, sie ist schon da, natürlich ist die da. Aber Erfüllung, die kann man nicht kaufen. Und meine Generation oder mein Umfeld ist so mit sich selbst beschäftigt, mit Krankheiten und so weiter, wir haben gar keine Zeit zu gucken, wie es vielleicht dem anderen geht. Wir möchten und können nicht, man hat was anderes aus uns gemacht.«

Das Erleben der Tochter

Mit Helga H.s Tochter habe ich nie gesprochen, aber ich weiß, mit diesen Lebensthemen ihrer Mutter ist sie aufgewachsen. Sie hat damit gelebt, mit diesem Kontrollbedürfnis, dieser harten Diszipliniertheit, dem Mangel an erfahrener Liebe, diesen Vorstellungen, was die zwischenmenschliche Bindung betrifft. Heute kann Helga H. nach all der Zeit des fehlenden Kontaktes vieles sehen und sich erinnern. Ich frage sie, welche Vorwürfe ihre Tochter geäußert habe. »Meine erwachsene Tochter sagt oder beklagt: ›Ich hätte deine Zuwendung und deine Aufmerksamkeit gebraucht. Du redest immer nur von dir, es ging und geht nie um mich.‹« Und sie erinnert sich, dass ihre Tochter schon früher gesagt habe:

»›Ich musste dir immer bei deinen Problemen zuhören, aber ich kann dir nicht helfen. Du fragst gar nicht, wie es mir geht.‹ Und sie hat Recht, sie sollte die beste Zuhörerin für mich sein. Ich weiß heute, dass sie damit überfordert war. Ich habe ihr mehr zugemutet, als es für ihre Ohren gut war. Das habe ich erkannt. Wenn mich etwas sehr beschäftigt hat, hatte ich das Gefühl, ich muss das erzählen. Das war sicher für sie schwierig, denn im Grunde genommen will man ja seine Mutter nicht leiden sehen. Ich habe in meinem Leben um so vieles kämpfen müssen, und klar, manchmal gab es morgens schon Stress, weil ich so gestresst war. Wie ich dann war? Weiß ich gar nicht mehr! Ich war nicht laut oder unzumutbar, ich war unaufmerksam, weil meine Gedanken woanders waren. Wie meine Tochter mich da erlebt hat ... Offen gestanden tat mir das damals schon leid.

Den Vorwürfen meiner Tochter würde ich auch nicht unbedingt widersprechen. Aber sie hat Aufmerksamkeit in anderer Weise bekommen. Ich habe wahrscheinlich nur immer das falsche Mittel gewählt, indem ich sie verwöhnt und ihre Wünsche erfüllt habe. Denn zeit ihres Lebens musste sie nur husten, dann bekam sie das, was sie wollte. Und da ist sie nie zu kurz gekommen, bis auf die Situation, die das Zerwürfnis verursacht hat. Damals ging es auch um Materielles, um Geld, und ich habe ihrem Wunsch nicht entsprochen. Das war mir in der Größenordnung zu groß. Ich wäre schon grundsätzlich bereit gewesen, aber auch die Art und Weise, wie sie das gefragt hat, das wollte ich nicht. Viel später hat sie das auch einmal deutlich formuliert: ›Ich hätte da deine Unterstützung gebraucht.‹ Und das meint sie natürlich grundsätzlich.«

»So einen Satz«, sage ich zu Helga H., »›Ich hätte deine Unterstützung gebraucht, aber du sprichst immer nur von dir, es geht nie um mich‹ – den hätten Sie, bei allem, was Sie mir über Ihre Kindheit erzählt haben, genauso an Ihre Mutter adressieren können.« Sie entgegnet:

»Können! Aber das hätte ich nie gesagt. Ich habe schon ganz früh immer vertreten, meine Eltern haben das Beste, was sie geben konnten, gegeben. Und mehr ging nicht. Und bei mir ging auch nicht mehr, wenn man alleinerziehend und berufstätig ist ... Das ist auch in einer großen Familie so, da hat auch nicht jedes Kind die Aufmerksamkeit. Einzelkinder wollen Aufmerksamkeit.«

Nach diesem Eklat, diesem Bruch, bei dem es vordergründig um Geld ging, gibt es bei der Tochter eine Unversöhnlichkeit. Für sie muss das der Kipppunkt gewesen sein. Und ich denke, es ist klar geworden, dass dieser finanzielle Wunsch für etwas anderes steht. Es ist der Wunsch nach einem Ausgleich. Er steht für das, was man als Kind, als Jugendliche, als junge Frau vermisst hat, beziehungsweise was zu überfordernd war.

Für Helga H. ist der Bruch eine Tragödie. Das ist jetzt zwölf Jahre her. Es gibt von Seiten der Tochter ganz selten einen unverbindlichen Gruß, etwa zum Geburtstag, sonst herrscht Stille. Eine für die Mutter schreckliche Stille. Wieder und wieder hat die Mutter versucht, einen Gesprächsanfang zu finden, hat vorsichtige Kontaktangebote gemacht, hat formulieren können, was sie heute über ihr Verhalten versteht. Ohne eine Resonanz. Jetzt scheint der Punkt erreicht, wo kein Zusammenfinden mehr möglich erscheint.

»Ich kann mich nicht immer und immer wieder entschuldigen, für das was ich vielleicht falsch gemacht habe. Das ändert nichts mehr. Alles, was ich unter Liebe verstehe, habe ich gegeben. Aber natürlich hin und wieder, wenn das Telefon klingelt, ist das der Moment, wo ich hoffe, sie könnte ja anrufen. Das bleibt! Man kann es nicht vollkommen abschneiden. Was ich mit dem Schmerz mache? Leider kann ich mich nicht betrinken. (Lacht) Jeder Tag ist anders, ich unternehme viel und lese. Natürlich merke ich mein Alter und kann nicht mehr so viel machen wie früher. Muss ich auch nicht mehr. Ich muss mit dem zufrieden sein, was ich habe. Dann aber kommt diese Leere wieder, aber diese Leere haben andere Menschen auch, die nicht so ein Herzeleid haben. Manchmal träume ich von ihr!

Die große Sprachlosigkeit, die bleibt, trotz aller Versuche, die ich gemacht habe. Würde meine Tochter auf einmal anklopfen, dann würde ich mich freuen. Und dann müsste man das Vorhergehende doch nicht mehr aufwärmen … Ich würde zu ihr sagen: Ich freu mich, dass du da bist. Wie schön, komm rein. Aber dann käme wahrscheinlich eine Sprachlosigkeit. Was spricht man dann? Die Frage ›Wie kommt es, dass du hier bist?‹ ist wahrscheinlich schon zu viel. ›Bist du auf der Durchreise?‹ ist wahrscheinlich auch zu viel. Was redet man dann? Ich bin sprachlos, was Gefühle betrifft. Ich weiß nicht, was ich zu den Schwierigkeiten zwischen uns sagen könnte. Ich habe es nicht gelernt. Meine Tochter hat sich gewünscht, in einer bestimmten Weise mit mir zu reden, aber das war mir nicht möglich, weil es eine Fremdsprache war, die ich nicht beherrscht habe. Ich würde nur gerne wissen, wie es ihr damit geht, aber vielleicht wird sie das alles auch durch ihren Beruf und ihre Hobbys kaschieren.

Sicher, nach meinen Versuchen bin ich sehr enttäuscht, und ich glaube, ich stelle es auch ein, ihr zum Geburtstag zu gratulieren. Früher war ich immer der Meinung, ich mache weiter so, aber jetzt … Meine Distanz ist größer. Denn was nutzt es, wenn ich es immer wieder und wieder versuche? Ich habe viele Anstrengungen gemacht und bin jetzt zu der Überzeugung gekommen, ich muss es loslassen. Ich muss es so laufen lassen. Ich muss schauen, dass ich meinen Frieden finde. Ich bin dankbar, dass ich unabhängig bin, dass ich satt zu essen habe, dass ich ein Dach über dem Kopf hab und genug Geld zur Verfügung. Und dann lasst mich in Ruhe. Was mich erstaunt, ich bin an dieser ganzen Sache gewachsen. Ich habe in den letzten Jahren vieles sehen können, was mir vorher ganz und gar unklar war. Es tut mir auch gut, wenn ich wieder mal in meine Kindheit eintauche.

Ich war immer eine Kämpferin und ich kämpfe noch heute. Aber ich sehe, das macht einen nicht glücklicher. Heute lasse ich manchmal Dinge so, wie sie sind. Das hat auch damit zu tun, dass ich nicht mehr die Kraft habe. Vielleicht muss ich akzeptieren, ich kann nicht mehr kämpfen – es ist Zeit, die Waffen zu strecken.«

So weit der Bericht von Helga H. Er erscheint schlüssig und gradlinig, aber es gibt in unseren Gesprächen auch Zweifel. Einmal sagt sie: »Wenn ich über die Vergangenheit nachdenke, ist das traurig, aber ich kann nichts mehr revidieren. Ich fühle mich manchmal depressiv und will nicht mehr in alten Dingen rumkramen, denn das Leid drückt mich dann nieder. Ich habe doch in meinem Elternhaus gelernt, Fehler dürfen nicht sein. Ich durfte nichts falsch machen. Und deshalb habe ich jetzt so viel Zweifel an mir und empfinde Scham, für das, was passiert ist. Wenn ich über all das nachdenke, bin ich so unsicher, wie ich es nie war. Mein Selbstbild gerät ins Wanken und ich fühle mich schuldig. Ich möchte weicher werden, aber das macht mir Angst. Ich habe so ein großes Herzeleid und dann muss ich das erklären, das kann ich nicht!«

Am Ende unseres Gespräches fügt sie etwas an, was die ganze Ambivalenz ihres Lebens ausdrückt und wie das Gegenteil von alldem klingt, was sie vorher formuliert hat. Ein Satz, der sicherlich vielen betroffenen Eltern aus dem Herzen spricht und der meinen ganzen Respekt hat. Sie sagt: »Ich bin mir keiner Schuld bewusst, denn ich habe meiner Tochter nicht vorsätzlich etwas entzogen ... Wissen Sie, ich kann es nicht zu mir nehmen, denn dann habe ich ja alles in meinem Leben falsch gemacht!«

Was hat uns gehalten – die Disziplin

Ich höre so viele Geschichten wie diese und immer ist in den Berichten die Verlassenheit und Verlorenheit ein Begleiter. Diese Generation hat nicht nur einen, sondern zwei Rucksäcke zu tragen. Zum einen die strenge, lieblose Erziehung der damaligen Zeit und dann die Bedrohungen, das Trauma durch den Krieg. Auf die Bedeutung des Krieges für die Entwicklung eines Menschen gehe ich gleich ein.

Viele Kriegskinder mussten, und das ist meine These, so kühl bis kalt, so nicht fühlend – vor allem sich selbst gegenüber – werden, sonst hätten sie diese weit verbreitete inhumane Erziehung, die Erlebnisse nicht aushalten können. Diese Generation hat nicht nur unter dem Krieg gelitten, sie kannte vorwiegend Strenge und Schonungslosigkeit, Gehorchen und sich den erwachsenen Anweisungen beugen. Parieren eben. Das Gehorchen war in Kriegszeiten sicherlich auch notwendig, weil alles, was unkontrolliert und ausufernd war, die Familie in Gefahr bringen konnte. Kinder durften im Luftschutzkeller nicht toben oder beim Anstellen um Lebensmittel nicht aus der Reihe tanzen. Helga H. spricht davon, dass sie essen musste, was auf den Tisch kam, und das wurde in vielen Fällen durchgezogen, bis zum Erbrechen. Betroffene erinnern sich an Kommando-Sprüche wie: »Jetzt mal hier Gewehr bei Fuß«, »Reiß dich mal zusammen und mach gefälligst, was ich dir sage, sonst nehme ich dich an die Kandare!«, »Du weißt ja wohl, was sich gehört, und wenn nicht, dann gibt's eins mit dem Lederriemen!«, »Bei mir beißt du auf Granit«. Diese Liste werden Leserinnen und Leser dieser Altersgruppe beliebig erweitern können.

Interessanterweise musste ich den Betroffenen diese Lebensgeschichten fast entlocken. Sie reden kaum darüber, denn all das ist so weit versteckt, dass es kaum zugänglich ist. Es ist vom Kummer zugeschüttet. Sabine Bode, der es zu verdanken ist, dass die Kinder von damals nach Jahrzehnten überhaupt gesehen werden, antwortet in einem *Spiegel*-Video-Interview auf die Frage von Eva-Maria Schnurr: »Wie bringt man diese Menschen zum Reden?«:

»Gar nicht, gar nicht, das ist das Entscheidende. Wenn die [diese Generation] was gelernt hat, dann ist es, den Mund zu halten. Weil sie wissen, dann werden sie instabil, oder das glauben sie. Sie können sich das nicht vorstellen, dass das auch eine Befreiung ist. Und deshalb geht das nicht. Man kann das machen, man kann die Eltern damit zum Erstarren bringen, aber sie werden sich davon nicht abbringen lassen. […] Es kann sein, dass das Unverarbeitete vor dem Sterbeprozess sich meldet. Und die Mutter erzählt von der Vergewaltigung ihrer Mutter […].«[12]

Die »inneren Kinder« dieser Generation haben einen Halteapparat, ein Korsett angelegt bekommen. Sie sind im hohen Maß mit den Normen, den Maßstäben, dem Verhalten ihrer Eltern identifiziert. Sie haben die Regeln für richtig befunden und sind damit bis heute ihren Eltern treu. Ihr ganzes Sein, ihre Weichheit, ihre kindliche Schönheit, ihr Potenzial, ihre Herzen wurden wie in einem Tresor eingesperrt und niemand hat ihnen die Zahlenkombination zum Öffnen nachgereicht. Verlassenheit gehört zu ihrem Leben. Erst jetzt, am Ende ihres Lebens, kommt manches zutage, auch weil es gesellschaftsfähig geworden ist, Gefühle auszudrücken. Das Gefühlsklima ist wärmer geworden. Bei Frau H. ist zu spüren, wie ambivalent das sein muss. Sie tastet sich vor, spürt ihren Lebenskummer und zieht sich dann wieder zurück in die gewohnte Verschlossenheit und Bewertungen über die laxe heutige Gesellschaft. Die Zügel werden wieder angezogen. Das ist das Muster, das ihr geholfen hat. Damit konnte sie ihrem Schicksal standhalten.

---

12 Spuren der Nazizeit. Wie Kriegstraumata bis heute weiterwirken. Sabine Bode im Gespräch mit Eva-Maria Schnurr. Video vom 31.3.2023, in: *Spiegel Geschichte*, www.spiegel.de/geschichte/exklusives-abonnent-innen-event-spuren-der-nazizeit-wie-kriegstraumata-bis-heute-weiterwirken-a-c7ebc418-c549-49e5-9e2c-bcb291e3de3e

Das Geordnete gibt innere Struktur

Diese Generation der Kriegskinder ist und war dann später vor allem mit dem Außen beschäftigt. Durch das ewige Tun wurde die innere Spannung, der Druck abgebaut. Alles musste schön sein und sauber, picobello, man muss ordentlich aussehen und den Nachbarn keinen Anlass zum Tratsch geben … »Gott, was die Leute wohl sonst sagen.« Alles musste gut und erfolgreich weitergehen, vor allem mit den Kindern. Sie wurden an ihren Erfolgen, den Leistungen, dem Status gemessen. Alles, was leidvoll war, was nicht in das »ordentliche Bild« passte, wurde abgewehrt. Sie wollten bloß nicht an Disharmonien, an Unstimmigkeiten, an Gefühle rühren, taten Gefühlsregungen ab mit einem »Ach was, das braucht man nicht!«. Sie konnten und können sich zusammenreißen und schmähen den Schlendrian. Disziplin steht ganz oben an, aber sie können auch bescheiden sein. Die äußere Ordnung gibt ihnen Halt und Struktur, der »Schmutz« der Kriegsjahre wurde weggekehrt.

Das alles hatte gravierende Folgen für die nächste Generation, denn so hart und ohne Mitgefühl diese Frauen und Männer sich selbst gegenüber sind und waren, so hart konnten sie gegen ihre Kinder sein. Das Gegenteil zu dieser Härte sind die Eltern, die bedürftig, die zermürbt oder gebrochen waren, die ihr Leben nicht mehr bewältigen konnten, die krank wurden, ihren Kummer in Alkohol ertränkten, die als Mütter oder Väter nicht mehr zur Verfügung standen.

Als junge Eltern der 1960er-, 1970er- und noch bis in die 1980er Jahre hinein waren sie noch ganz in ihrer Vergangenheit, ihrer eigenen Problematik gefangen. Ihre »inneren Kinder« befanden sich in einem Zustand des tiefgreifenden Mangels. Daraus sind die familiären Gefühlserbschaften entstanden, denen sich die erwachsenen Kinder heute widersetzen.

Die Kriegskinder und ihre große Belastung

Der andere Rucksack, den diese Elterngeneration zu tragen hat: Sie erlebten die Nazidiktatur und den Krieg. Dieser Tatsache wird erst in den letzten zwanzig bis dreißig Jahren echte Aufmerksamkeit geschenkt. Mit dem Wissen um die Folgen von Traumatisierungen kommt seither auch ein Verständnis für sie auf. Abermillionen von Menschen in Europa waren von einem Krieg betroffen, den Nazideutschland entfacht hat. (In Europa hat es nach 1945 circa 13 Millionen Voll- und Halbwaisen gegeben.) Sie alle gehören zu einer Generation, die mit dem Erlebten allein fertigwerden musste, der nie therapeutische oder andere begleitende Hilfe angeboten wurde. Mit diffusen körperlichen Symptomatiken suchten sie ihre Ärzte auf und bekamen die Diagnose »vegetative Dystonie« attestiert. Was so viel bedeutete wie »Nichts Genaues weiß man nicht«. Sie litten und leiden zum Beispiel an Schlafstörungen, einer fortwährenden Unruhe, Magen-Darm-Beschwerden und Herz-Kreislauf-Problemen, an diffusen Ängsten und Verstimmungen, und das ohne konkrete organische Ursache. Vielen ist bis heute nicht klar, dass all das zum Symptomkreis einer Posttraumatischen Belastungsstörung gehört.

Ich möchte Marga zu Wort kommen lassen. Sie ist meine Freundin und wir haben immer wieder eindringliche Gespräche zu diesem Thema.

Die verlorene Kindheit

»Im September 1939 war ich fünf Jahre alt und der Krieg begann. Ich war elf, als er 1945 vorbei war. Am Ende des Krieges war ich eine Erwachsene unter Erwachsenen.«

Margas verlorene Kindheit steht für eine Kindheit, wie sie die große Mehrheit der Mädchen und Jungen von damals erleben musste.

»Wir hatten Hunger, Krätze, Angst und dann die Not der Mutter, der Vater im Krieg. Da war kein Platz für Schutz und Geborgenheit oder Gefühle, da war nur Schrecken und Sorge. Nachts immer wieder raus, Sirenengeheul, die Bomben kommen. Später hieß es von der Mutter: ›Alles zusammenpacken, du musst jetzt hier weg, alleine, zu einer Tante, da gibt es zu essen.‹ Wie durch ein Wunder habe ich einen Tieffliegerangriff auf dem Land überlebt. Meine Tante, bei der ich dann war, schrie nur: ›Wir müssen hier weg‹, und die Stelle, an der wir noch Sekunden vorher lagen, die gab es nicht mehr.

Im Krieg musst du mit alldem fertigwerden. Keiner der Erwachsenen hält deine Hand, die hatten ja alle selbst panische Angst, schrien und waren außer sich. Die Welt ein Chaos, nichts war sicher, also musst du selbst irgendwie für ein Gefühl von Sicherheit sorgen, darauf bist du ausgerichtet. Du musst stark sein, Haltung bewahren und bloß nicht heulen. Obwohl mir oft die Tränen einfach so flossen.«

Marga beschreibt, was viele dieser Kinder betraf, sie mussten auf schmerzhafteste Weise lernen, zu machen, und immer wieder war da die Angst. Ganz gleich ob in den Städten, auf der Flucht oder auf dem Land, die Kinder mussten ihren Platz einnehmen, alles richtig machen. Man durfte nicht noch zusätzliche Sorge bereiten, sondern musste der Mutter Sorgen abnehmen, also möglichst wenig auffallen. Die eigenen Bedürfnisse spielten keine Rolle, denn es ging um nichts weniger als das Überleben. Unzählige waren gefühlt mutterseelenallein, weil die Eltern in ihrem Stress nicht erreichbar waren.

Mit dem, was wir heute unter dem »inneren Kind« verstehen, kann man sagen, diese »inneren Kinder« waren verängstigt, haltlos, einsam. Sie haben sich weit in ihre inneren Räume zurückgezogen und den Zugang dazu versperrt. Im Außen wird man im Laufe des Lebens unauffällig sein, als sei nichts gewesen. Im Inneren wird es eng. Man geht davon aus: 60 Prozent der Kinder waren traumatisiert, 40 Prozent weniger betroffen, weil das Kriegsgeschehen weit weg war. Aber auch sie lebten in einer Atmosphäre von Bedrohung und hatten nahe Verwandte im Krieg. Diejenigen Kinder, die Eltern oder Verwandte hatten, die in der schlimmen Zeit ein beruhigender Pol waren, konnten die Schrecken am besten überstehen.

Heute ist Marga 90 Jahre alt, sie hat drei Töchter, vier Enkel und zwei Urenkel. Sie ist eine sehr reflektierte Frau, rezitiert noch immer Gedichte, am liebsten Rainer Maria Rilke, und Psalmen aus dem Alten Testament. »Das Gefühl von Sicherheit«, sagt sie, »erlebe ich in meiner Spiritualität, da finde ich Halt.« Über den Krieg herrschte in ihrer eigenen Familie Jahrzehnte Sprachlosigkeit. Ihrer Traumatisierungen wurde sie sich erst bewusst, als sie weit über sechzig Jahre alt war. Das brauchte einen Anstoß von außen. »Da habe ich das erste Mal über mich, über dieses Kind von damals geweint und geweint. Da kamen die ganzen Bilder hoch.«

Ihr Körper allerdings kennt diese Aufgeregtheit, die Angst und Panik seit dieser »Kindheit« genau. Zeit ihres Lebens tauchten sie immer wieder auf, und sie registriert, dass mit dem Alter ihre Schutzwand, die Abwehr immer dünner und fragiler wird. Es bedarf nur einer Kleinigkeit, etwas, was sie als bedrohlich empfindet oder bewertet, dann gerät sie in eine Hilflosigkeit und ein Gefühl der Ohnmacht. Sie stürzt dann wie ab und zieht sich ganz zurück, will niemanden sehen. Der Auslöser kann eine unvorhergesehene behördliche Aufforderung sein oder etwas, was sie beim Arzt nicht versteht. Irgendetwas, was nicht zum »sicheren« täglichen Ablauf gehört. Sofort ist die Angst da, sie könne die Kontrolle verlieren. »Was muss ich jetzt machen, mache ich es richtig, habe ich noch Einfluss auf das, was von mir gefordert wird? Wie soll ich das schaffen, aber ich muss es schaffen, denn ich darf doch niemandem zur Last fallen.«

Kürzlich war sie krank, und ein Pflegedienst musste kommen, um ihr zu helfen. Sie sagt: »Ich habe solche Probleme, die Hilfe anzunehmen.« Und mit einer Stimme fast wie ein Kind fügt sie hinzu: »Ich kann doch nichts dafür, dass es mir so schlecht geht«, so, als hätte sie sich schuldig gemacht, dass sie Hilfe in Anspruch nehmen muss.

Marga weiß, dass diese ersten Lebensjahre ihr Erwachsenenleben prägten: »Ja«, sagt sie, »wir waren durch all das in unserem Leben oft hart. Hart gegenüber uns selbst und auch hart gegenüber den Kindern. Und ja, ich bin meinen Kindern gegenüber auch Täterin gewesen. Als Eltern wollten wir alles richtig machen und konnten es nicht. Aber wir dachten, es sei das Richtige.«

Trauma – was es hinterlässt

Marga beschreibt sehr klar den Verlust ihrer Kindheit. Wenn ich ihr und auch Helga H. zuhöre, dann weiß ich, niemals, auch nicht annähernd, kann ich empfinden, was sie und die Kinder ihrer Zeit haben erleben müssen. Das gilt auch für die Generation, die bei Kriegsausbruch erwachsen war. Der Erste und der Zweite Weltkrieg haben die Menschen in ganz Europa verändert. Die entstandenen Traumatisierungen hatten und haben noch immer Folgen, sie sind der Beginn von viel Familienleid. Durch die Kenntnis der transgenerationalen Folgen wissen wir auch, dass die Kriege in der Ukraine und in Gaza jahrzehntelang nachwirken werden – denn es geht nicht nur um das Leid heute, sondern es wird noch beschädigend sein für die Generationen danach.

Ich möchte hier noch einmal formulieren, wie ein Trauma für ein Kind zu definieren ist. Bleiben wir bei Marga. Nicht die Bombardierungen oder der Tieffliegerangriff, bei dem sie fast umgekommen wäre, sind das Trauma, sondern das, was diese Bedrohungen in Folge bei ihr bewirkt haben. Wenn Marga, hier stellvertretend für Kinder, die den Krieg erleben, um sich herum Erwachsene, eine Mutter gehabt hätte, die sie schützend in den Arm genommen und ihr damit geholfen hätte, sich wieder zu beruhigen, dann wäre es ihr leichter ums Herz geworden. Ein subjektives Gefühl von Sicherheit, jemand ist bei mir, hätte sich eingestellt. Aber das war nicht der Fall. Ihre Mutter, wie die Mehrheit der Erwachsenen, war außer sich. Niemand wurde mit der Bedrohung fertig, wie sie beschreibt. Das heißt, im Körper steckt ein latenter Stress fest, eine Angst und damit kann der Körper sich nicht entspannen. Als Folge beginnen die schrecklichen Erlebnisse ein Eigenleben zu führen. Man bleibt tendenziell in Alarmbereitschaft. Das Gehirn, das autonome Nervensystem bleiben auf Bedrohung ausgerichtet und wittern schnell Gefahr. Das Gehirn entwickelt eine Über-Wachsamkeit, denn es hat gelernt, jeden Moment kann etwas Schlimmes passieren. Das ist die Traumatisierung. Und so kennen die Betroffenen den Zustand, die Alarmiertheit, die schnell fragt: Wann kommt es, woher kommt es und was muss ich tun? Natürlich lebt man mit dem Zustand weiter und passt sich an, auch weil das Erlebte abgespalten und verdrängt wird, aber die Unruhe, der Stress, die Über-Wachsamkeit, das labile Nervenkostüm werden bleiben. Der Mensch bleibt misstrauisch, fühlt sich leicht angegriffen, oder er entzieht sich einer Situation, die ihm gefährlich erscheint.

Die Not im Inneren wird zum Begleiter

»Man klagt nicht, man macht und man pariert. Ohne meine Disziplin, ohne die Kontrolle zu haben, wie hätte ich das überleben sollen.« Das, was Helga H. über ihr Leben sagt, drückt im Grunde den gerade beschriebenen fortwährenden Notzustand aus. Das ist das Trauma.

Gabor Maté, ein weltweit anerkannter Traumatherapeut und Arzt, schreibt in seinem Buch *Vom Mythos des Normalen*: »Für mich ist ein Trauma eine psychische Wunde, ein dauerhafter Bruch oder ein Riss im Selbst aufgrund belastender und verletzender Ereignisse.«[13] Maté betont, dass das Trauma sich im *Inneren* des Menschen abspiele, es sei die Folge von schwierigen oder schmerzhaften Lebensereignissen. »Ein Trauma ist nicht das, was einem zustößt, sondern das, was in einem vorgeht … Gleichermaßen ist ein Trauma eine psychische Verletzung.« Das ist bedeutend, denn im Außen ist man unauffällig, im Inneren wird das Trauma ein Begleiter sein. Es sind diese nicht verarbeiteten, erschütternden Lebensereignisse, die Menschen krank machen, und wenn die Folgen nicht versorgt, im Sinne von beruhigt, werden, dann hinterlassen sie seelische Verletzungen, wie eine Wunde, die im Hintergrund schwelt. Beruhigung ist deshalb so wichtig, weil mit der Entspannung, dem Trost die wichtige Empfindung von »Es wird wieder gut« entsteht.

Mit diesen seelischen Folgen, die der Krieg, und nicht nur der Krieg, sondern jede massive Gewalt hinterlässt, haben es nicht nur die Betroffenen, sondern auch ihre Kinder und Kindeskinder zu tun. In den Körpern der betroffenen Eltern, ihren Nervensystemen, in den Gehirnen, dem Denken, den Empfindungen

13 Maté, Gabor; Maté, Daniel: *Vom Mythos des Normalen*, Kösel, 2023, S. 36 ff.

und Gefühlen wirken die Ereignisse weiter. Das bedeutet: Unregelmäßigkeiten oder ein Streit können wie eine Bedrohung wirken. Sie können Ängste, Panik oder Überforderungsgefühle auslösen und die Ursache ist einem gar nicht bewusst. Worte oder Gesten können wie ein Angriff wirken. Die Betroffenen reagieren, als müssten sie sich verteidigen, sie kämpfen, gehen hoch, werden vollkommen unbeherrscht und wütend. Man kann aber auch mit Flucht reagieren, aus dem Kontakt gehen, wenn der sich bedrohlich anfühlt. Der Körper ist einfach sehr schnell in einen Alarmzustand versetzt. Wird die Situation, und das nur aufgrund der Vorerfahrungen, als massive Bedrohung bewertet, dann kann dir das den Boden wegziehen. Dein Inneres bricht wie ein, ein ohnmächtiges Tunnelgefühl entsteht und du steckst in einer Erstarrung fest. Für andere Beteiligte mag das unverhältnismäßig wirken, aber das autonome Nervensystem, der Körper hat dem »Angriff« subjektiv dann nichts mehr entgegenzusetzen.

In den 1950er-, 1960er-Jahren und darüber hinaus zeigten sich die Symptome im Alltag der Kriegseltern und ihrer Kinder deutlich. Da waren die Männer, die Väter zurück aus dem Krieg und der Kriegsgefangenschaft, mit ihren Albträumen, ihrer Unruhe und ihrem cholerischen Ausflippen, weil sie den inneren Druck nicht aushalten konnten. Oder sie waren wie weg, nicht verfügbar und schwiegen. Da waren die übereifrigen Frauen und Mütter mit ihrer rastlosen Tüchtigkeit, die unerklärlichen Wutausbrüche der Eltern und eine Atmosphäre von Gegeneinander und Streit, als wäre man im Krieg. Manchmal gab es Türenknallen und einer von beiden ging fort, wie auf der Flucht. Mütter brachen wie zusammen, wurden lethargisch und antriebslos oder gerieten sogar in einen depressiven, manchmal jammernden Zustand. Viele

Betroffene kennen den einen oder all diese Zustände, denn man kann hin- und herwechseln zwischen dem Funktionieren, aktiv und hektisch sein, zwischen Kampfesstimmung oder Fluchtfantasien und diesem ohnmächtigen, passiven und depressiven Gefühl.

Die Kriegskinder hatten in diesem Sinne traumatisierte Eltern, oder/und sie waren selbst traumatisiert mit all seinen Folgen für das Zusammenleben. Sie sind mit dieser Bürde erwachsen geworden, haben Partner gefunden und Kinder bekommen und die Problematiken nahmen ihren Lauf. Niemand, kein Psychologe, kein Arzt und schon gar nicht sie selbst konnten die Verhaltensweisen in den 1950er-, 1960er-, 1970er-Jahren erklären. Das hat sich jetzt durch die intensive Forschung vollkommen verändert. Bessel van der Kolk, der Begründer des Trauma Center in Massachusetts, schreibt in seinem Buch *Verkörperter Schrecken* den wie ich finde entlastenden Satz: »Wir wissen heute, dass ihr Verhalten keine Folge eines moralischen Mangels oder einer Charakterschwäche ist, sondern dass es durch reale physische Veränderungen im Gehirn (und dem Nervensystem) verursacht wird.«[14]

Knoten im Kopf

Bevor ich zu der später geborenen Generation, den Kindern des »Wirtschaftswunders« und der Wiederaufbauzeit, übergehe, möchte ich schildern, was in meinem Schreibprozess während dieses Kapitels passiert ist: Noch nie habe ich mich mit dem Schreiben

---

14 Kolk, Bessel van der: *Verkörperter Schrecken. Traumaspuren in Gehirn, Geist und Körper und wie man sie heilen kann,* Probst, 2024.

so schwergetan. Immer wieder vermischten sich zwei Gedankengänge – da sind die Eltern, über die ich schreibe, und ich möchte es so formulieren, dass zu verstehen und nachzuempfinden ist, warum sie so geworden sind, wie sie sind, ohne Urteil, ohne Anklage. Und dann bin da ich, sind da wir, die wir so sehr unter ihnen, ihren Traumatisierungen, ihrer Verstörtheit gelitten haben.

Ich selbst habe über längere Zeit eine Distanz zu meinen Eltern und ihrem unaushaltbaren Verhalten gebraucht. Diese Abgrenzung war lebensnotwendig für mich und diese Freiheit hatte ich. Jetzt tue ich mich so schwer mit dem Schreiben, weil ich den Perspektivwechsel nur mühsam hinkriege. Bin ich auf Seiten der Eltern oder auf der Seite der Kinder, also bei mir? In einem Gespräch mit Margret Emerson bringe ich die beiden Gedankengänge zusammen. Ich muss diese Täter-Opfer-Wertung verlassen, diese Zuweisung von: Ihr habt uns mit eurem Verhalten geschadet und wir sind die Leidtragenden. Mein Kopf sagt mir noch heute fast trotzig: Aber ich habe doch unter ihnen gelitten. Mein Herz weiß: Mir ging es so schlecht, weil es ihnen so schlecht ergangen war. Ihr Leiden ist zu meinem geworden. Die Symptome mögen anders sein, aber mein Leid als Kind ist aus ihrer seelischen, geistigen und körperlichen Verwundung entstanden. Niemals werde ich, werden wir, das Ausmaß ihrer erlittenen Erlebnisse erfassen können, dennoch wurden ihre Traumatisierungen zu unserer Not. Es ist ein Irrtum, anzunehmen, dort seid ihr Eltern und hier sind wir Kinder. Ihre unverarbeitete Angst, ihr Schweigen ist zu unserer Konfusion und Orientierungslosigkeit geworden. Der Verlust ihrer Fühlfähigkeit ist zu unserer Einsamkeit und unserem Gefühl der Wertlosigkeit geworden. Unser kühler Umgang mit ihnen ist entstanden, weil sie nie zeigen konnten, wie wärmende Nähe geht, wie Liebe sich anfühlt. Und dann die Frage: Wie geht es weiter, denn auch ich bin Mutter, was hat das für Folgen für mein Kind? Nein, es ist keine

Frage, denn ich weiß, wie das alles meine Ängste und mein Verhalten auch als Mutter beeinflusst hat. Das ist das »ganze Bild« der betroffenen Familien, und es ist das, was wir unter dem Generationenübergreifenden Trauma verstehen.

Wunder gibt es immer ...

Es gibt noch etwas anzufügen. Monate nach meinem Gespräch mit Helga H. ruft sie mich an und sagt: »Raten Sie mal, was passiert ist? Meine Tochter war da – zwei Tage lang!« Ich muss gestehen, für mich war das fast wie ein Wunder. Bei dieser Mutter-Tochter-Beziehung hatte ich das Gefühl, es wird schwerlich zu einer Annäherung kommen. Das freut mich also umso mehr und Helga H. fügt an: »Wir haben über vieles geredet, und es war ganz leicht, ganz anders, als ich befürchtet habe. Nur die Vergangenheit, die haben wir ruhen lassen, und das hat sich richtig angefühlt. Mal sehen, wie es weitergeht.«

Kapitel 5: Vergessen, wirtschaftswundern, anpassen – Kindheit in einer belasteten Zeit

In diesem Kapitel geht es um die Zeit des »Wirtschaftswunders«, die autoritäre Zeit des Wiederaufbaus, um die Frauen und Männer, die in den 1950er-Jahren bis in die 1970er-Jahre geboren sind. Sie waren zwar nicht mehr direkt vom Krieg betroffen, aber der Nachhall aber war überall gegenwärtig. Diese Kinder haben zwei Elterngenerationen: Bis in die 1960er-Jahre wurden sie noch von den Kriegseltern geboren, also Eltern, die, wie beschrieben, den Krieg als Erwachsene im vollen Bewusstsein erlebt haben. Sie haben die Nazidiktatur entweder mitgetragen oder sie haben die Nazis ertragen. Aber alle waren als Zivilisten oder als Soldaten Zeugen des Zweiten Weltkrieges. Etwa ab den 1960er-Jahren wurden dann auch die Kriegskinder Eltern. Die Übergänge sind hier fließend, zum Beispiel bei Altersunterschieden zwischen den Eltern, und Sie als Betroffene werden das für Ihre Familie zuordnen können.

Die 1950er-Jahre waren eine besonders spezielle Zeit. Alles, was über Leidensvermeiden und Leidensverleugnen im Kapitel 2 beschrieben ist, war damals gegenwärtig. Man wollte nur noch vergessen. Es war die Zeit der Buttercremetorte, der Schnäpschen und der wärmenden »Jäckchen«, der Cognäckchen, die Zeit der Hochkonjunktur von Zigaretten, denn all das gehörte zu den »Betäubungsmitteln« für die vom Krieg gestressten Menschen und ihrer labilen Nervenkostüme.

Die Kinder dieser Zeit, die heute sechzig, siebzig Jahre alt sind, sind wie gesagt besonders häufig vom Kontaktabbruch betroffen. Und ich gehe davon aus, dass das eigentliche Leid, die Verlassenheit, in dieser Zeit nach dem Krieg begann. Viele, die in den 1950er-Jahren groß geworden sind, teilen ähnliche Erinnerungen. Die Mütter hatten weiße gestärkte Schürzen um, die Wäsche wurde in großen Kesseln gekocht, mit einem langen Rührholz hin- und hergewendet, bis sie blütenweiß war, um sie anschließend in der Nassmangel auszuwringen – harte Arbeit. Alte Pullover wurden für neue Socken aufgeribbelt, aus irgendetwas nähten sie Kleidungsstücke und sie zauberten täglich aus wenig ein Mittagessen. Der Haushalt war tipp-topp. Als Mädchen sollte man sich nützlich machen, half in der Küche, trocknete ab und kämmte die Teppichfransen – schön ordentlich. Auf dem Land mussten alle bei der schwersten Arbeit zupacken. Wir Kinder trugen unsäglich kratzende Wollstrümpfe, die an Strumpfbändern befestigt waren. Die Jungs lasen Akim- und Sigurd-Hefte – Akim, der sehr muskulöse, starke Sohn des Dschungels und Sigurd, der heroische unbesiegbare Ritter. Die Väter gingen zur Arbeit, mittags um 12 Uhr heulten die Werkssirenen und viele Kinder brachten ihren Vätern in Henkelmännern das Essen. Wir spielten in Trümmern und waren unterwegs. Ich selbst, sechs, sieben, war Mitglied einer Bande, wir klauten in einem Werk Stahlabfälle und verkauften sie beim »Klüngelskerl«. Das Geld reichte dann für rote Kirschbonbons am grünen Stiel und eine Packung Overstolz-Zigaretten, die wir in dunklen Ecken pafften. Vermisst wurde man selten, spätestens wenn abends die Laternen angingen, kam man zurück. Die Eltern waren froh, ihre Ruhe zu haben.

Draußen war man frei und unabhängig, zumindest für eine Zeit. Drinnen war die Stimmung eine andere. Da war die Erwachsenenwelt mit ihren seelischen und physischen Verwundungen, ihren Geheimnissen, dem Getuschel und Schweigen. Etwas Unbegreifbares lag in der Luft, wie Nebel, denn die Erwachsenen taten so als ob. Als ob nichts gewesen sei, als ob alles gut wäre, als ob jetzt alles besser werden würde; und ja, der Wohlstand ließ nicht auf sich warten, Jahr für Jahr gab es mehr an schönen Äußerlichkeiten. Aber »drinnen«?! Allein in unserem Mehrfamilienhaus gab es den Onkel, der schwer krank aus der Gefangenschaft gekommen war, seine jüngste Tochter war als Baby auf der Flucht in den Armen ihrer Mutter vor Hunger und Kälte gestorben. Da war das Ehepaar, das den einzigen Sohn verloren hatte. In einem Büro arbeitete ein Mann mit einem Milchglas in der Brille, er hatte ein Auge verloren. Mein Vater war schwer kriegsverletzt und dem Tod von der Schippe (vom Schlachtfeld) gesprungen. Meine Mutter traumatisiert, körperlich anwesend, aber oft wie entrückt. Gleich nebenan stand eine Baracke, dort lebten die unwillkommenen Flüchtlinge aus dem Osten. Das ist ein kleiner Ausschnitt der damaligen Realität.

Was hatten die Nazizeit, der Krieg, die Flucht, die Entbehrungen der Nachkriegsjahre in den Menschen angerichtet? Der Psychiater Hartmut Radebold, der sich intensiv mit dem Thema beschäftigt hat, stellte fest: »Für die inneren, die unsichtbaren Verwüstungen bei sich selbst und bei den Kindern hatte im Nachkriegsdeutschland kaum jemand Augen und Ohren.«[15] Viele der Eltern waren traumatisiert oder innerlich beschädigt. Sie hatten Partner, Verwandte, Hab und Gut verloren. Dazu kam, dass die Wahrheiten von gestern nicht mehr taugten. Die »Stunde Null« war erklärt worden, und alle versuchten, nach vorne zu schauen und nicht zu-

---

15 Griepentrog, Elena A.: 70 Jahre her, aber nicht vorbei, in: *Christ in der Gegenwart*, Juni 2015, www.herder.de/cig/zeitgeschehen/2015/01-06-2015/kriegskinder-und-kriegsenkel-70-jahre-her-aber-nicht-vorbei/#:~:text=Den%20Kindern%20war%20klar%2C%20dass,Kasseler%20Psychiater%20Hartmut%20Radebold%20zusammen

rück. Aber auch seelische Wunden heilen nur, wenn sie ans Licht kommen. Versteckt man sie, schwelen sie weiter. Wir Kinder hatten hochbelastete Väter und Mütter, die als Eltern nur eingeschränkt zur Verfügung standen. Das hatte Folgen, denn viele von uns fühlten sich alleingelassen und mit den Eltern wenig verbunden, weil das, was wir heute unter einer guten Bindung verstehen, unter diesen Belastungen und Bedingungen nicht möglich war.

Mütter waren die Versorgungsinstanz, aber keine Anlaufstelle für Kummer, die Väter oft nicht ansprechbar und sprachlos oder beängstigend durch ihre unkontrollierten Wutausbrüche. »Mein Vater ›bombardierte‹ uns mit Schimpfe«, beschreibt es mir gegenüber eine 65-Jährige. Die Vergangenheit wurde verschwiegen und verdrängt oder es wurden emotionslos Schreckensgeschichten erzählt. So war es ein Tabu, die Eltern zu der zurückliegenden Zeit zu befragen. Hartmut Radebold konstatiert, dass in etwa 80 Prozent der Familien nie über den Krieg und seine Folgen gesprochen wurde.[16]

Du warst nicht für mich da

Das alles zu sehen, scheint mir wichtig, wenn wir uns die Kontaktabbrüche von heute anschauen. Dazu folgende Familiengeschichte: Die Tochter Mitte dreißig hat vor vier Jahren zu ihrer Mutter, Jahrgang 1955, den Kontakt radikal abgebrochen. Manchmal gibt es kleinste Informationen über eine der zwei Schwestern. Es geht ein Riss durch die Familie. Wer hält jetzt zu wem?

Die Mutter, Frau F., die mich aufsucht, ist eine Frau, die viel lacht. Sie ist aktiv und dennoch wirkt sie ein bisschen scheu und in sich gekehrt. In Bezug auf die Tochter ist sie sehr verunsichert, hat das

---

16 Bruhns, Anette: »Der Schmerz holt mich ein«, in: *Spiegel Geschichte* 3/2010.

Gefühl, versagt zu haben. Nachts spüre sie oftmals eine Angst, die ihr auf der Brust sitzt.

Der Vorwurf der Tochter heißt: »Du warst nie für mich da, hast mir nie zugehört, ich war so allein in der Familie ...« Die Mutter weiß gar nichts damit anzufangen, denn sie liebt ihre Erstgeborene, wie die anderen beiden auch. Seit vier Jahren sucht sie immer wieder nach Ereignissen früher und heute, die den Bruch verursacht haben könnten. Hatte es mit dem Klavierlehrer zu tun, von dem sie wusste, dass er schon mal als übergriffig bezeichnet worden war? Sie hat mit der Tochter nie offen darüber geredet. Oder war es ihr Mann, der manchmal zu viel trank und mit dem es früher so schwierig war? Oder hatte es damit zu tun, dass ihr einmal die Hand ausgerutscht war?

Sie und ich begeben uns auf Spurensuche, worum es eigentlich geht. Am Ende dieses Prozesses kann Frau F. sagen: »Ich sehe jetzt, dass ich früher für meine Tochter gar nicht erreichbar war ...!« Und sie erinnert sich, wie schlecht es ihr ging, als die Tochter noch ein Baby war. Damals hatte ihr Mann seinen ganzen Berufs- und Lebensfrust, seine Wut an ihr ausgelassen, hatte sie geschlagen. Sie war in ständiger Angst, in welcher Stimmung er am Abend nach Hause kommen würde. Mit dieser eigenen Angst und Unruhe war sie gar nicht richtig für ihr Baby da. Damals hätte sie so gerne mit ihrer Mutter gesprochen, aber mit ihr über einen Kummer zu reden, war unmöglich. Es war ein Tabu zwischen den beiden. So hat Frau F. alles mit sich ausgemacht und die schwierige Zeit aus Scham vergessen und verleugnet, als hätte es das nie gegeben.

Während unserer Gespräche berichtet Frau F. von ihrer Mutter, die auf der Flucht vor den Russen »Schlimmes« erlebt hatte und die so verletzlich war, manchmal wie erstarrt, oftmals schwermütig. Heute ist eindeutig, ihre Mutter war traumatisiert. Und wie wir wissen, Trauma und unbearbeiteter Schmerz verschließen den Menschen – vor sich selbst und auch vor dem Umfeld. Das heißt, die Mutter von

Frau F. war unerreichbar, sie konnte ihrer Tochter nicht die Geborgenheit, den notwendigen Schutz geben. Diese Mutter war eher selbst schützenswert. Und das hat Frau F. als Kind auch getan. Sie wurde ein liebes Kind, machte keine Mühe. Sie hatte die Mutter immer im Auge und war besorgt um sie. Und das bedeutet, als Kind hatte Frau F. einen, nennen wir es, Mutter-Mangel, sie fühlte sich allein.

Später als junge Frau mit einem gewalttätigen Mann war Frau F. wiederum nicht wirklich erreichbar für ihre eigene Tochter. Und jetzt zeigt sich etwas Erstaunliches – die dritte Generation, die Enkelin, benennt das Leid: die Einsamkeit, ihren eigenen Mutter-Mangel. Sie erklärt, wie verlassen sie sich als Kind gefühlt habe. Und sie reagiert wütend, als wolle sie sich rächen für ihr erlebtes Defizit. Ihre Form der Revanche: Sie macht sich für ihre Mutter unerreichbar. Reagiert auf keinen Brief, keine SMS. Kein Kontaktversuch von Seiten der Mutter wird beantwortet.

Drei Generationen, ein Thema – die Einsamkeit und die Unerreichbarkeit. Und aus meiner Sicht geht es hier um den Mangel an einer stabilen, wärmenden Verbindung in der Mutterlinie. Wir sehen, wie das Kriegstrauma der Großmutter weiterwirkt. Diese war durch den unverarbeiteten Schock auch Jahre später zwar körperlich anwesend, aber einsam in ihrer Scham. Besser gesagt, sie war in der Beschämung durch die erlebte Gewalt gefangen. Frau F. hatte glücklicherweise einen herzlichen Vater, aber eben auch einen Mangel an dem so wichtigen mütterlichen Schutz. Sie konnte ihrer Tochter dann diese haltgebende Bindung nicht geben, weil es nicht in ihr war. Sie hat es selbst vermisst. Dazu die Not mit ihrem Mann, die raubte ihr die Kraft. In Folge erlebt auch die nächste Generation eine nicht wirklich zur Verfügung stehende Mutter. Sie beklagt: »Du warst nicht für mich da.« Genau das, was ihre Mutter der Großmutter hätte sagen können, vielleicht sogar sagen müssen. Aber das zu sagen, ist ihr durch das »Schlimme«, das Bedrückende, nie möglich gewesen. Heute hat die junge Frau eine viel größere Freiheit. Sie kann benennen, was ihre Mutter sich nie getraut hätte.

Das Trauma der Kriegserwachsenen, ihre Schicksalsschläge, ihre Not klebte an uns Kindern und hatte die Familie im Griff. Die Scham über das Geschehene, die vielen physischen und psychischen Beschädigungen, die Toten, die erlebten Entwürdigungen hinterließen eine taube familiäre Sprachlosigkeit.

Man nannte es Erziehung

Die Wirtschaftswunderjahre waren eine Phase, die wenig Spielraum für das Spüren von Gefühlen zuließ. Wiederaufbau bedeutete: keine Zeit, keine Kapazität, auf die Psyche zu schauen. Die Erwachsenen waren mit dem Außen, der Arbeit, dem »Wirtschaftswundern« beschäftigt. Da gab es keinen Raum, das Innere zu beleuchten.

Als Kind musste man funktionieren und sich nicht mit »Gefühlsduseleien« aufhalten, man durfte nicht »verpimpeln«, also Schwäche zeigen. Dieses Funktionieren war allerdings ein anderes als das der Kriegskinder. Es war nicht das Funktionieren, um das Überleben zu sichern. Kinder wurden noch Jahrzehnte nach dem Krieg zu Gehorsam und Leistungsstärke erzogen. Keine Leistung = keine Zuwendung, keine Liebe. Das Nichtfunktionieren war gleichzusetzen mit ungehorsam sein. Da wurde eine Regel nicht erfüllt. Und Regeln, also unterscheiden, was ordentlich, was gut und böse war, was sich gehörte, stand ganz oben an. Vielleicht gaben diese Verhaltensnormen und Prinzipien den Eltern auch den Halt und die Orientierung, die sie verloren hatten. »Mach einen Knicks / einen Diener und gib der Tante das ordentliche Händchen«, gehörte zu den Alltaganweisungen, wenn man Bekannte auf der Straße traf. Nur ein Blick der Mutter oder des Vaters reichte, und die Tochter, der Sohn wusste genau, was zu tun war! Schon die Babys mussten Disziplin lernen und wurden im Zeittakt gefüttert und nicht dann, wenn sie Hunger hatten.

Es gab wenig Zuwendung, stattdessen Strenge, damit man lernte, sich zu benehmen, dann würde man es später auch mal besser haben. Die damalige autoritäre Erziehung, die ja noch bis in die 1970er-Jahre reichte, war Nähe vermeidend. Sie forderte bedingungslosen Respekt vor dem Erwachsenen und war respektlos gegenüber Kindern. Die Wünsche der Kinder, ihr vitaler Lebensausdruck, wurden kleingehalten. Dass Kinder eigene Bedürfnisse formulieren, gab es nicht. »Kinder haben nichts zu wollen …« Und wer nicht funktionierte, der wurde ausgeschimpft mit dem Zusatz: »Du machst mich krank.« Oder man bekam im besten Fall eins »hinter die Löffel«. Im schlimmsten Fall hieß es: »Warte nur, bis Papa kommt«, und das war oft hart. Ich höre immer wieder, dass Väter (manchmal auch Mütter) mit Schürhaken oder Ledergürtel geprügelt haben. Mädchen und Jungen wurden in ein Zimmer oder in den Keller gesperrt oder zur Bestrafung ignoriert. Andere wurden durch Beschimpfen und Schreien niedergemacht. Übrigens galt die Härte auch für die Schule, für Krankenhäuser, in denen die Kinder oft für Wochen mit spärlichem Kontakt zu den Eltern abgegeben werden mussten, für die Wochenkrippen in der DDR, in denen Kinder mehrere Tage hintereinander einem Drill ausgesetzt waren und schrecklich litten, für die Kinderheime, in die Kinder millionenfach zur Erholung verschickt wurden und dort mutterseelenalleine waren. Überall pflanzte sich die Strenge fort. Die kindlichen Gefühle zählten nicht. Passierte Schmerzhaftes in der Familie, wurde gesagt: »Ach, das merken die Kinder doch gar nicht. Das kriegen die doch gar nicht mit« oder »Das haben die doch sofort wieder vergessen«.

Ein großer Teil der Nachkriegsgesellschaft konnte nicht mehr wirklich lieben und vermied es zu fühlen. Wer hart ist, muss nicht leiden. Und so meinten sie, nein, sie waren sich sicher, das Richtige für ihre Kinder zu tun. Vieles von dem, was damals Alltag war, würde nach heutigen Maßstäben als körperliche und emotionale Vernachlässigung oder Gewalt an Kindern bewertet und brächte das Jugendamt auf den Plan. Heute werden Bestrafungen wie das Anschweigen, also über Stunden oder gar Tage nicht mehr mit dem Kind zu sprechen, vom Kinderschutzbund als psychische Gewalt eingestuft. Früher galt das als probates Erziehungsmittel.

Das für mich problematischste Resultat dieser Zeit: Das Selbstwertgefühl, das Selbstvertrauen und die Selbstsicherheit vieler Kinder und Jugendlicher waren niedergemacht, in Grund und Boden geschrien – und man nannte es Erziehung zu einem ordentlichen Menschen. Im Zusammenhang mit unserem Thema ist eine Frage bedeutsam: Wenn ich das erlebt habe, welche Auswirkungen hatte das auf mein späteres Familienleben? Habe ich meine Wut oder diese Härte oder Angst weitergegeben? Oder sollten meine Kinder mir den Wert geben, den ich für mich nicht empfinden konnte? Es mag auch sein, dass ich den Kopf weiter eingezogen habe, mich weiter kleingemacht habe und leidend und schwach war. Fragen, die man sich selbst auf wohlwollende Weise stellen kann und die im letzten Kapitel weiter behandelt werden.

Natürlich war früher nicht alles schwarz oder weiß. Vermutlich haben die meisten meiner Generation auch andere Erfahrungen gemacht, denn es gab auch Schönes in den Familien. Manchmal waren es die kleinen Dinge wie gemeinsames Singen, Basteln, Wandern, Spielen, Plätzchen backen. Und es gab im Umfeld Frauen und Männer, oft Oma oder Opa, die ihre Zuneigung zeigen konnten. Sie waren wie wärmende Leuchttürme und sie gehören zu den wichtigen Ressourcen, zu den stärkenden Erinnerungsbildern. Ich erinnere mich zum Beispiel an meinen Großvater, der mir sanft über den Kopf streichelte und einen Zwieback mit Kokosglasur aus einer roten Kiste holte. Das war so liebevoll, dass ich das Gefühl bis heute abrufen kann.

Ohne Mitgefühl?

Aber die Frage, die für dieses Buch so wichtig ist: Wie war es um die Kinder in den beiden jungen Republiken bestellt? Welche inneren Erlebnis- und Gefühlswelten haben sie mit in ihr Leben genommen? Die jungen Erwachsenen, die heute aus dem Kontakt gehen, werfen ihren Eltern oftmals vor, sie hätten kein Mitgefühl, könnten nicht nachempfinden, wie schlecht es ihnen in der Familie ergangen sei und ginge. Nur, Mitgefühl setzt voraus, dass man überhaupt fühlen kann. Mitgefühl kann nur mit einem selbst beginnen. Wenn ich aber als Kind aufhören musste, meinen Schmerz zu spüren und ihn kleinrede: »War doch nicht so schlimm« oder »Das hat noch keinem geschadet«; wenn ich gelernt habe, meine Entbehrung zu verleugnen und vergessen zu machen, wenn ich kein Gefühl mehr dafür habe, wie schlecht es mir in meiner Familie erging, werde ich später weder mich selbst noch mein eigenes Kind verstehen. Dann kann ich nur noch sehen, dass meine Tochter oder mein Sohn doch alles hat, was sie oder er braucht – beste Versorgung, Reisen, Sport und Musik, gute Ausbildungen, immer genug Geld. »Die haben doch alles gehabt.« Das, was die Gefühle betrifft, hält sich versteckt. Denn wie könnte ich mit anderen fühlen, wenn Fühlen mir so eine Angst macht, dass ich es lieber vermeide. Erst wenn die Betroffenen langsam lernen, sich so zu lieben und anzunehmen, wie sie geworden sind, dann können sie Schritt für Schritt auch mit dem anderen empfinden. Aber Selbstliebe war damals kein Begriff und das »innere Kind«, dem geholfen werden muss, taucht erst Jahrzehnte später auf.

Nikolaus und Knecht Ruprecht

Während ich das schreibe, geistert eine kleine Geschichte in mir herum. Ich spreche mit Frau M., Mitte 60. Auch sie ist eine Betroffene. Sie erzählt über die Zeit Anfang der 1960er-Jahre und vom Nikolaus.

Nikolaus und Knecht Ruprecht gehörten damals als höhere Instanz zu den bizarren Erziehungsmaßnahmen. In dem Buch, das Knecht Ruprecht bei sich trug, waren die Vergehen jedes Kindes notiert! Frau M. hatte, wie alle anderen Kinder auch, um den Nikolaus freundlich zu stimmen, ihre Stiefel blitzblank geputzt und vor die Tür gestellt. Am nächsten Morgen huschte sie aus dem Bett, um zu schauen, was der Nikolaus gebracht hatte. In den Schuhen steckten alte Kartoffelschalen. Der Kommentar der Eltern: »Jetzt siehst du, was passiert, wenn man so ungezogen und frech ist.« Was für eine Erniedrigung und Demütigung, was für eine Kälte. Was für ein Schmerz, wie einsam wird sich das Mädchen gefühlt haben. Ich frage Frau M.: »Wie fühlt sich das an, wenn Sie mir das erzählen?«

»Ja, schrecklich«, sagt sie und ich frage weiter: »Wie ist das Gefühl, wie die Empfindung in Ihnen dazu?«

»Kann ich gar nicht sagen, das weiß ich nicht«, antwortet sie.

Sie sagt erst einmal »schrecklich«, weil ihr Verstand sagt, was für ein schreckliches Erlebnis das sei. Aber sie kann es nicht fühlen, denn das Fühlen, die Empfindung wird im Körper gespürt und nicht im Kopf gedacht. Wir denken häufig, dass wir etwas fühlen, aber wir spüren es nicht. Es ist nur der Gedanke darüber, was wir fühlen sollten. Den Schmerz nicht dauerhaft zu fühlen, war damals entscheidend, es ermöglichte, gut zu überleben und weiterzumachen. Damals war es die Möglichkeit, der vollkommenen Hilflosigkeit zu entgehen, heute könnten die Betroffenen endlich zulassen, was da in ihnen ist. Und ich würde alle Eltern ermutigen: Fangen Sie an, das auszusprechen, was Sie erlebt haben. Erzählen Sie es nicht wie eine Episode, sondern spüren Sie, wie es dem Mädchen, dem Jungen in dieser Zeit ergangen ist. Wenn wir heute ganz vorsichtig und in kleinen Schritten zulassen, was wir damals wirklich erlebt haben – jenseits der Schönrederei –, dann berühren wir unsere innere Wahrheit.

Mit alldem erklärt sich einer meiner Hauptgedanken, denn wir sehen, dass viele dieser Jahrgänge hochbelastet waren und sind. Ich glaube, die »verlassenen« Eltern von heute sind die »verlassenen« Kinder von gestern. Es gab für sie weder ein Wissen noch Hilfestellungen noch eine Aufklärung, sondern sie waren damals mit der verdeckten Not ihrer Kriegseltern gnadenlos verstrickt. Ich wiederhole: Hätten sie damals eine tragfähige Beziehung zu ihren Eltern gehabt, dann hätten sie genau das auch an ihre Kinder weitergeben können. Aber sie konnten es nicht.

Die Rehkitz-Antwort

Gestatten Sie mir noch eine theoretische Erklärung, weil ich glaube, das wird für einige zu einem Aha-Erlebnis führen. Bei alldem, was ich bisher beschrieben habe, geht es um eine familiäre Atmosphäre, die für Kinder bedrohlich oder beängstigend war, also eine Gefahr bedeutet. Bedrohung aktiviert in uns Menschen einen Überlebensmechanismus und das geschieht in unserem Körper autonom. Wir können das gedanklich nicht steuern. Unser Gehirn, das autonome Nervensystem, veranlasst den Körper, unmittelbar auf eine empfundene Gefahr zu reagieren. Unser Körper wird versuchen, entweder zu fliehen oder zu kämpfen, oder wir erstarren. In dem Fall lassen wir »den Angriff« über uns ergehen, weil wir hilflos sind und keine andere Wahl haben – was natürlich vor allem bei Kindern der Fall ist, denn sie können ihren Eltern nichts entgegensetzen, sie sind ganz und gar abhängig.

Pete Walker hat in seinem Text »The 4Fs: A Trauma Typology in Complex Trauma« einen vierten Schutzmechanismus, mit Gefahr umzugehen, hinzugefügt. Er nennt ihn *Fawn Response* – frei übersetzt die Rehkitz-Antwort.[17] In der Natur ist zu sehen, dass Rehkitze von ihrer Mutter allein gelassen werden, wenn diese auf Nahrungssuche geht. Das ist eine Stresssituation für die Kleinen, sie schmiegen sich dann an den Boden an und sind kaum vom Untergrund zu unterscheiden. Das Kitz geht in Deckung und passt sich vollkommen an, macht sich unsichtbar und wartet auf die Nahrung, das heißt auf die Mutter.

Diese Anpassung an das Umfeld, dieses In-Deckung-Gehen sehen wir bei Kindern auch. Es ist eine Möglichkeit, den Gefahren, dem kontinuierlichen Stress zu entkommen. Dazu gehören Schreiereien der Eltern, Streit, jedwede Strafe, Wutanfälle, unberechenbares Verhalten nach zu viel Alkohol, Liebesentzug, emotionale und körperliche Vernachlässigung usw. Das Kind schützt sich, wie in der Natur, indem es sich unsichtbar macht. In der Hoffnung, unangreifbar zu sein, passt es sich der Umwelt an. Es wird überlieb, lächelt und ist freundlich. Es bietet keinen Angriffspunkt. Es

17 Walker, Pete: The 4Fs: A Trauma Typology in Complex Trauma, https://pete-walker.com/fourFs_TraumaTypologyComplexPTSD.htm#:~:text=Complex%20PTSD%20as%20an%20Attachment,illusion%20or%20modicum%20of%20attachment. Siehe auch Charf, Dami: Fawn Response. Wenn Freundlichkeit ein Zwang ist, 11.9.2021, https://traumaheilung.de/fawn-response/

unterwirft sich und versucht die Eltern zu besänftigen. So sichern diese Kinder die lebensnotwendige Bindung zu ihren Eltern, sie gehorchen und machen keine Probleme.

Pete Walker spricht über den verheerenden Preis, der an dieser Überangepasstheit hängt – es ist die Selbstaufgabe. Das Kind traut sich nicht, Nein zu sagen. Es kann seine Bedürfnisse nicht ausdrücken, es muss damit die eigene Grenze, das »Nein«, das »Ich-mag-nicht«, aber auch das »Ich-will-aber« opfern. Man macht es recht. Und das kann eine lebenslange Prägung werden. Wir werden sozusagen dauerfreundlich und gebend, meist lächelnd, und kennen die Wünsche der anderen besser als unsere eigenen. Der folgende Lebensbericht wird deutlich machen, was geschieht, wenn aus Angst Anpassung wird. Und ich denke, vor allem Frauen der Nachkriegsgeneration haben diesen Schutzmechanismus anwenden müssen.

Die Dominanz der Väter

In dem folgenden Lebensbericht geht es um Margit Arendt. Ihre Geschichte macht, neben vielem anderen, auch auf die damalige Rolle der Frau aufmerksam. Es war eine Zeit, in der der Vater und Ehemann de facto, also nach geltendem Recht, die Autorität der Familie war und nach seinem Gutdünken »die Hosenträger schnalzen« ließ, sprich seine Dominanz, seinen Willen durchsetzte, oder, sagen wir, versuchte durchzusetzen.

Das war in Westdeutschland die Zeit der drei Ks – Kinder, Küche, Kirche. Sie sollten die Domänen der Frauen sein und ihre Daseinsberechtigung. Denn die Hierarchie war gesellschaftlich klar. Der Mann, der Vater, stand auf Rang 1, die Frau, die Mutter, auf Rang 2, auf Rang 3 stand ein Sohn und dann kamen die Mädchen. Das war schon deshalb absurd, weil die Frauen nur wenige Jahre zuvor während des Kriegs ihren »Mann gestanden« hatten und die lebensnotwendigen Dinge in Gesellschaft und Familie übernommen hatten. Jetzt, in der Wirtschaftswunderzeit, war für die Frau der Aufgabenbereich wieder klar definiert, neben den Kindern sollte sie sich ganz besonders um den Mann kümmern.

Gleich mehrere meiner Freundinnen erinnern sich an ein Buch, das alles sagt und dem nichts hinzuzufügen ist: *Man wird dich lieber haben* von Rosemarie Schittenhelm, ein »Anstandsbuch« für junge Mädchen. Darin geht es um Verhaltensweisen, die man als Mädchen für die Zukunft lernen sollte. Wie verhalte ich mich als gute Ehefrau? Ich nehme dem Mann den Mantel ab, wenn er abends müde nach Hause kommt, koche gut und schnell etwas für ihn. Ich befrage ihn, wie es heute war, um ihn nach getaner Arbeit zu entlasten. Ich halte ihm den Rücken frei und tue alles, um ihn zu erfreuen. Frauen konnten die Ehe nicht einfach verlassen, auch wenn sie noch so schrecklich war. Wenn der Mann sich schauerlich aufführte, sie mussten bleiben, und das hat viele Familienatmosphären bestimmt. Ehefrauen waren meist finanziell und sozial abhängig.

Was den Nachwuchs betraf, war vielfach klar: Väter wünschten sich einen »Stammhalter« und manche Mutter sagte: Lieber einen Jungen, Mädchen liegen mir nicht so.

Verwobene Schicksale

Der für die Generation typische Bericht von Margit Arendt, die von sich und ihrer Tochter Heike Arendt spricht, zeigt, welche Auswirkungen Familiendynamiken haben, wenn das, was wir heute Liebe oder Bindung nennen, gespeist war aus preußischem Gehorsam, Disziplin, kirchlicher Moral und patriarchalen Machtattitüden.

Margit Arendt kann präzise ausdrücken, wie verwoben ihr Schicksal, ihre Kindheit mit dem Schicksal ihrer Tochter war und ist. Sie zeigt, wie ihr innerer Zustand war, als sie Mutter wurde, und was passiert, wenn man selbst geschwächt alles geben muss. Diese Geschichte könnte genauso gut mit der Generation davor beginnen, also mit den Großeltern von Margit Arendt. Auch bei ihren Großeltern gab es autoritäre Härte auf der einen Seite und ein unwürdiges Eheleben mit allen Folgen für die Familie auf der anderen Seite. Und so könnten wir »das ganze Bild« immer weiter vergrößern und erweitern, und damit die Wurzeln der Bindungsproblematik deutlich werden lassen. Der Mangel vererbt sich so lange, bis er erkannt, gefühlt und fürsorglich behandelt worden ist.

Dieser Bericht zeigt aber auch, wie Veränderung möglich ist, dass es Wege der Annäherung nach einem Kontaktabbruch gibt. Selbst in diesem Fall, da sich die Tochter massiv von ihrer Mutter abgewendet hat und ein Buch mit dem Titel *Wie ich dazu kam, meiner Mutter den Tod zu wünschen*[18], veröffentlichte. Beide, Mutter und Tochter, haben sich ganz unabhängig voneinander ihrer Problematik gestellt, haben sozusagen in sich aufgeräumt. Sie haben Worte für ihre Empfindungen und Gefühle gefunden, was für die Mutter alles andere als leicht war. Mit dem Gewinn, dass sich heute zwei Individuen, zwei Persönlichkeiten, auf respektvolle Weise behutsam annähern und begegnen.

Die Art und Weise, wie Margit Arendt sich ihrem Leben gestellt hat, wie sie ihren Lebenskrisen begegnet ist, ihr Weg zu einer inneren Stabilität hat meinen ganzen Respekt. So bin ich dieser mutigen und so klaren Frau besonders dankbar, dass ich Folgendes hier erzählen darf.

---

18 Arendt, Heike: *Wie ich dazu kam, meiner Mutter den Tod zu wünschen* (Nahaufnahmen: Biografische Reihe) Taschenbuch Oktober 2016.

Ein »Schneeglöckchen«, das den unwirtlichen Winter hinter sich lässt

Margit Arendt, 1952 geboren, ist das mittlere von drei Kindern, hat eine große Schwester und einen Bruder. Sie ist nicht klein, wirkt aber sehr zart und feingliederig, fast etwas durchscheinend. Sie trägt ihr schlohweißes Haar kurz geschnitten, und jedes Mal, wenn ich sie sehe, hat sie etwas farblich Auffallendes an sich. Knallrote Lippen, eine bunte Halskette oder einen leuchtend blauen Pullover. Es gibt etwas sehr Bescheidenes und Scheues an ihr, und gleichzeitig strahlt sie eine ruhige Kraft aus, die es ihr ermöglicht, in sehr schwierigen Zeiten durchzuhalten.

Als ich sie kennenlerne, erzählt sie mir von einer ihrer wichtigsten Ressourcen, der Botanik. Sie liebe die Pflanzen. Und ganz zu Beginn unserer Gespräche antwortet sie auf meine Frage, welches ihre Lieblingspflanze sei, ohne Zögern: »das Schneeglöckchen«. Seit ich ihre Geschichte kenne, ist das wie ein Sinnbild: Das Schneeglöckchen lässt die Kälte des Winters hinter sich, es wartet auf die Sonne, und wenn es sich dann mutig zeigt, kündet es den ersehnten Neuanfang, den Frühling, an.

Ein relativer Wohlstand machte sich in der Familie Arendt gleich zu Beginn der 1950er-Jahre auf den Weg, denn der Vater arbeitete als Notar. Und so waren die äußeren Lebensbedingungen ihrer Familie sehr schnell sicher und stabil. Die Bedingungen innerhalb der Familie waren allerdings genau das Gegenteil. Margit beschreibt sie als schwierig und unberechenbar.

»Meine schönsten Erinnerungen habe ich an die Volksschulzeit. Wir wohnten damals noch in einer Mietwohnung, dort hatte es einen schönen Garten und einen Bahndamm. Für kreatives Spielen gab es unendlich viele Möglichkeiten: Pampe machen mit Wasser, Buden bauen, alles, was ich in der Natur gefunden habe, wurde genutzt. Es waren immer andere Kinder aus der Nachbarschaft zum Spielen da, ich musste nur rausgehen und schon ging's los.

Draußen habe ich alles vergessen, was ich zu Hause an Anspannung erlebte. Als Kind habe ich bereits einige Symptome gezeigt, es gab einfach zu viel Stress in unserer Familie. Zum Beispiel habe ich an den Nägeln gekaut, aber was viel schlimmer war, ich konnte abends vor lauter Druck nicht einschlafen. Jede Nacht bin ich irgendwann aufgestanden, habe in der Küche Zwiebäcke geklaut und sie im Bett gegessen. Ich spüre heute noch dieses Gefühl der Krümel, auf denen ich eingeschlafen bin. Ich hatte keinen Hunger, sondern ich habe versucht, die Anspannung in mir mit Zucker zu lösen.

Und ich würde sagen, da beginnen meine ersten süchtigen Verhaltensweisen. Ich bin sicher, dass meine Mutter das Verschwinden des Zwiebacks mitgekriegt hat. So viel Zwieback hat sie ja nicht verbrauchen können, aber die Tüte war immer leer. Es wurde nie darüber gesprochen, das übliche Schweigen! Ich habe als Kind sehr viel Süßigkeiten gegessen, meine Mutter hat in der Metro kistenweise Süßes gekauft. Sie hat sich wohl auch selbst damit über Wasser gehalten. Meine Geschwister und ich, alle Kinder sind an diesen Schrank gegangen und sie hat nie, niemals irgendein Wort drüber verloren. Bloß nicht an dem Thema rühren, bloß nicht die Idee hochkommen lassen, dass etwas nicht okay war und wir uns damit trösteten.

Meine Mutter war nicht in der Lage, mir den nötigen Trost zu geben. Sie war emotional, ich nenne es mal so, ziemlich zurückgenommen. Als kleines Mädchen habe ich mir so gewünscht, dass sie mich mal auf den Schoß nimmt oder mich umarmt. Ich habe ein paar Mal gefragt und nur gehört: ›Keine Zeit‹ oder ›Jetzt nicht.‹ Irgendwann habe ich dann nicht mehr gefragt.

Warum ich Trost brauchte, gute Frage. Mein Vater, der war so, wie er war. Ich habe vor ihm Angst gehabt. Aus heutiger Sicht war mein Vater im Grunde ein schwacher Mensch, der sich hinter einem autoritären Gebaren versteckt hat und damit jede Nähe unmöglich machte. Heute glaube ich, er hat sich auch nach Nähe gesehnt und konnte es nicht zeigen. Zucht und Ordnung herrschte bei uns. Vater sagte, wo es langgeht, und meine Mutter hat sich dem angepasst. Sie war der Meinung, dass Eltern am gleichen Strang ziehen müssen, damit die Kinder gedeihen. Dabei war sie oft ganz anderer Ansicht, das haben wir ja auch mitgekriegt, aber sie hat selten Partei für uns ergriffen. Er teilte die klassischen Sprüche aus: ›Hier wird gegessen, was auf den Tisch kommt. Ihr habt nichts zu wollen‹ oder ›Du redest nur unausgegorenes Zeug‹, solche Sprüche. Der Umgang war weder liebevoll noch wertschätzend – nichts zum Wohlfühlen.

Ob mein Vater im Krieg war, das weiß ich gar nicht genau. Ich meine, dass er als Sanitäter unterwegs war. Meine Schwester behauptet, er war gar nicht im Krieg. Aber es gibt Bilder, da hat er eine Uniform angehabt. Der Kommentar meiner Schwester, er habe nur immer in einer Stube gesessen und Däumchen gedreht und ein bisschen geguckt, dass alles gut läuft. Aber ich weiß es nicht, meine Eltern haben nichts erzählt und ich habe auch nicht gefragt.

Dabei war der Krieg, als ich geboren wurde, gerade sechs Jahre her, aber es wurde nie darüber gesprochen. Mit den Juden, so haben sie erklärt, das hätten sie gar nicht mitgekriegt. Sie hätten nicht gewusst, was da lief. Dann gab es aber immer Sprüche wie am 20. April: ›Heute ist Führers Geburtstag‹ oder ›Hitler habe den Arbeitslosen Arbeit gegeben‹ und so weiter. Sie waren noch sehr mit dem geistigen Gut der Nazizeit verbunden – aber von den Juden hatte man nichts gewusst. Mein Vater war Jahrgang 1918. Er war also bei Kriegsbeginn 21 und er war nicht krank, also muss er ja involviert gewesen sein.

Als meine Eltern starben, da haben wir alte Dokumente gefunden, einen Arier-Ausweis und so. Mein Bruder und ich haben die Kisten aussortiert, wollten aber das alles nicht genau ansehen. Mein

Bruder hat nur gesagt: Weg, weg, weg alles weg. Und ich war froh, denn da hätte ich mich drin verlieren können. Nein, ich lebe heute.

Die Grundstimmung unserer Familie war Anspannung und es war immer so eine befangene und gleichzeitig überreizte Atmosphäre. Heute weiß ich, wenn ein Kind mit sechs, sieben, acht Jahren nicht schlafen kann, dann drückt das den Stresslevel des Kindes aus. Ich habe mich damals alleingelassen gefühlt. Vor allem war es die Unberechenbarkeit meines Vaters, die mich verunsichert hat. Das ist mir erst als Teenager bewusst geworden. Wenn ich zum Beispiel auf eine Party wollte, dann wusste ich nachmittags oft nicht, ob ich abends gehen darf. Das gehörte zu seinen Machtspielen. Das hat er gerne gespielt, mich zappeln lassen. Ganz furchtbar diese Spiele. Er war körperlich nicht gewalttätig, aber verbal. Mittags beim Essen ging es um die Zensuren, die Schule, und es gab Predigten, dass man mehr lernen soll. ›Sonst wird nichts aus euch!‹ Alles war auf ihn konzentriert. Ich habe ihn auf Distanz gehalten, zwischen uns war keine Nähe möglich.

Vor einiger Zeit hatte ich mal eine bildliche Vorstellung von unserer Familie. Wir alle waren von einer Mauer umgeben, und jeder saß in seinem eigenen Turm. Einem engen Turm. Alle waren eingemauert und damit überhaupt nicht im Kontakt.

Mein Vater hat 1958 sein eigenes Notariat eröffnet. Ich bin die Einzige von uns, die auch Jura studierte. Die anderen haben kein Interesse daran gehabt. Ich habe es vielleicht auch nur gemacht, weil ich Sicherheit gesucht habe. Denn ich wusste, wie das alles geht. Ich kannte mich aus. Als kleines Mädchen habe ich schon Akten gelocht. Das Büro war bei uns zuhause immer Thema, wie schwer die Arbeit sei und so weiter. Er hat viel gestöhnt, dass er immer so viel für uns arbeitet, und alle haben ein schlechtes Gewissen gekriegt ... der arme Vater. Ich wusste, was da auf mich zukommt. Ursprünglich wollte ich Lehrerin werden, aber dann hörte ich, dass Lehrer von den Schülern nicht mehr so als Autoritätspersonen akzeptiert wurden. Ich habe es mir nicht zugetraut, energisch genug zu sein, um mich da durchzusetzen. Also dann eben Jura.

In der Schule war ich sehr unsicher. Bevor ich den Finger gehoben habe, habe ich hundertmal nachgedacht. Es musste zweihundertprozentig richtig sein, was ich sage, sonst habe ich mich nicht gemeldet. Ein Lehrer, der zu mir hätte sagen können, ›Das war schlecht‹, davor hatte ich unheimlich Angst. Zu Hause wurde ich häufig kritisiert. Nichts war gut genug, das gehörte zum Erziehungsprinzip meines Vaters. Bloß nicht loben, sondern kritisieren und sagen, was alles schlecht ist, damit ich mich noch mehr anstrenge. Das bedeutete, mein Selbstwertgefühl war unter null. Wir Schwestern haben ein Thema mit dem Selbstwertgefühl bis heute. Mein Vater differenzierte klar – Männer haben Rechte und Frauen sind rechtlos. Also hatte er immer Recht. Er war weder groß noch stabil. Er hat alles mit dem Regiment der Angst durchgesetzt, mit Drohung und Dominanz. Ich war damals eingeschüchtert und dem nicht gewachsen, habe mich total angepasst. Möglichst wenig auffallen. Am besten gar nicht mehr reden. Wenn ich nichts erzähle, dann kann mir auch nichts passieren.

Ich glaube, am schlimmsten war für mich immer die Herabsetzung und dieses Ausgelachtwerden. Das hatte mein Vater sehr drauf, er hat uns gerne bloßgestellt. Ich kann mich noch erinnern: Als Sextanerin (fünfte Klasse) am Gymnasium war ich ehrgeizig und hatte natürlich lauter Zweien und Dreien auf dem Zeugnis und eine Fünf in Handarbeit und ich habe mich so geschämt. Und meine Klassenkameraden, die fragten ja dann immer: ›Was hast du da drin und da drin‹, und ich habe bei Handarbeiten gesagt: ›Eine Vier.‹ Mein Vater hatte nichts Besseres zu tun, als überall rumzuerzählen, dass ich eine Fünf in Handarbeit hatte. Hat da noch Witze darüber gemacht und gelacht, als er es Leuten erzählt hat, von denen ich nicht wollte, dass sie das erfahren. Das war peinlich. Diese Art, einen bloßzustellen oder zu kritisieren, das war Alltag bei uns.

Ich war ein zartes Mädchen. Zart und empfindsam und mit diesen Dingen kam ich gar nicht klar. Ich war im Grunde ständig angespannt. Da war immer die Angst, was passiert jetzt? Möglichst wegducken und nicht auffallen. Meine Mutter hat ihn nie in die Schranken gewiesen. Sie hat uns nicht beschützt. Weil sie mit dieser Loyalität so beschäftigt war und diesem Mann nicht in den Rücken fallen wollte. Die Ehe meiner Eltern ist unglücklich gewesen. Mein Vater hat immer Forderungen an meine Mutter gestellt und sie hatte keinen Bock dazu. Sonntagsmorgens kuscheln und das wars, dann wollte sie in die Kirche gehen, und mein Vater war sauer, dass sie lieber in die Kirche geht, als mit ihm im Bett zu schmusen. ›Aber die Männer wollen ja nur das eine‹ – das war ein Satz meiner Mutter, und ich nehme an, dass mein Vater nicht besonders zartfühlend war. Diesen Satz hat sie uns fürs Leben mitgegeben. Mein Vater hat das haben wollen, ständig, und meine Mutter hatte keinen Bock, weil sie emotional von ihm völlig vernachlässigt wurde. Er hat sie auch immer nur kritisiert. Es war so lieblos bei uns und angespannt. Es lief alles gut, wenn er die Kontrolle über uns hatte, dann waren wir die beste Familie.

Nach dem Studium bin ich direkt in seine Kanzlei und bin später auch Notarin geworden. Mein Vater wartete schon sehnsüchtig auf mich. Ich war 27, als ich Examen gemacht habe. Er hat zwar gesagt: ›Ich bin so froh, dass du da bist‹, hat sich in seinem Wesen aber nicht geändert. Er hat ja nie an sich gearbeitet. Ich habe mich also weiter untergeordnet. Er war der Chef, und ich habe versucht, ihn so gut wie möglich zu entlasten.

Wie das geht? Anpassung! Seine Autorität – seine vermeintliche Autorität – weiterhin akzeptieren, so wie ich das als Kind gemacht habe. Den Mund halten und bloß keine Widerworte geben. Ich habe da praktisch die Rolle weitergespielt, die ich in meiner Kindheit und Jugendzeit hatte, angepasst und unscheinbar werden. Ich habe mir auch nichts zugetraut und war froh, dass er möglichst viel geregelt hat. So musste ich nicht viel Verantwortung übernehmen.

Zu der Zeit war mein Lebensgefühl furchtbar, ich war total unglücklich. Das war dann der Punkt, an dem ich mit dem Alkohol so richtig eingestiegen bin. Die Süchte haben mir geholfen, nicht fühlen zu müssen, was da war.

Wieder zurück in meinem Heimatort, waren meine ehemaligen Klassenkameradinnen überall verstreut. Ich hatte den Kontakt verloren und fühlte mich in meiner eigenen Wohnung häufig einsam. Ich war jeden Abend allein und habe jeden Abend Alkohol getrunken, damit ich schlafen konnte. Wein, Bier, Schnaps, alles. Mein Leben bestand aus Arbeit und mich abends wegtrinken. Ich hatte keine Kontakte und habe auch nichts unternommen.

Nach fünf Jahren habe ich geheiratet, meinen Mann traf ich auf der Party einer Frau, die ich aus dem Studium kannte. Zu der Zeit begann meine Mutter in die Demenz zu gehen. Sie ist einfach abgetaucht. Sehr schnell kam dann Heike zur Welt, damals habe ich drei Jahre nicht gearbeitet, sondern blieb mit dem Baby zuhause. Meine Mutter war in dieser Zeit auch jeden Tag bei mir. Sie konnte schon nicht mehr allein sein und ich passte auf sie auf. Ich mit dem kleinen Kind und der Mutter. Das sah dann so aus: Wir sind jeden Tag zusammen spazieren gegangen. Die Mutter rannte vor und Heike guckte sich alles in Ruhe an, hob die Steinchen auf ... und ich rief: ›Mutter bleib stehen!‹. Aber sie hat nur geguckt und ist weitergelaufen.

Ein halbes Jahr nach der Geburt stellte sich heraus, dass mein Mann chronisch erkrankt war, mit Klinikaufenthalten und allem, was man sich vorstellen kann. Er war lange arbeitsunfähig, wir haben uns später auch getrennt. Damals habe ich gedacht, die Welt steht still. Demente Mutter, kranker Ehemann und ein Baby, ein schreiendes Baby. Keine Hilfe, sondern nur Anforderungen. Ich war im Schock, habe gedacht, mein Leben ist jetzt gelaufen, ich muss mich um alle kümmern.

Hilfe habe ich von meinen Eltern nicht bekommen, aber ich habe mich auch nicht hilfesuchend an sie gewendet. Ich habe da auch nichts erwartet. Aber es wurde immer erwartet, dass ich mich um die Eltern kümmere! Und ich habe funktioniert. Ich gehöre zu der Generation, die es ausgehalten hat. Wir sind nicht weggegangen, sondern sind geblieben. Durchhalten, den Kopf irgendwie über Wasser halten und es hinkriegen. Mit Hilfe von Wein und die Zähne zusammenbeißen. Immer da, wo es am stärksten gebrannt hat, da habe ich halt gelöscht und irgendwie weitergemacht. Und leider stand Heike am Ende der Kette!

Meist haben meine Eltern am lautesten geschrien. Als Nächstes hat mein Bedürfnis, mich zu beweisen, geschrien, also die Arbeit, die musste laufen, und zwar gut. Ich selbst habe mich total hintangestellt, aber vor allem sind Heikes Bedürfnisse zu kurz gekommen. Meine Tochter, die hat das gekriegt, was da noch übriggeblieben ist.

Niemals habe ich gesagt, dass mir was zu viel ist, habe aber hintenrum nur gejammert und gestöhnt. Das heißt, meine Tochter hat eine vollkommen überforderte Mutter erlebt. Eine Mutter, die das Gefühl hat, das Leben meint es schlecht mit ihr, und die klagt. Ich war ja schon mein Leben lang zu kurz gekommen.

Und dann bin ich wachgeworden. In den 1990er-Jahren besuchte ich Seminare, Joseph Murphy war damals angesagt – über das positive Denken. Und dann bin ich 1998 über Umwege zum 12-Schritte-Programm der Anonymen Alkoholiker gekommen. Das war der Meilenstein. Endlich gab es einen Ort, an dem ich spürte: Hier kann ich lernen, über mich zu sprechen. Hier wird mir zugehört, ohne dass einer was kommentiert oder mich kritisiert oder gar auslacht. Das war ein sicherer Ort für mich. In den Gruppen sind Menschen, die ähnliche Sachen erlebt haben wie ich, und das tut einfach gut. Es hat zwar noch lange gedauert, bis ich dann wirklich den Mund aufgekriegt habe, aber ich habe gemerkt, das ist was für mich. Die

12 Schritte haben mein Leben verändert und ich würde sagen, auch gerettet.

Das bedeutet: 1998 habe ich angefangen auszusprechen, dass ich Alkoholikerin bin. Da war meine Tochter 13. Ich glaube nicht, dass sie das mitgekriegt hat, denn die schlimmste Zeit, in der ich wirklich regelmäßig jeden Abend trank, das war, bevor ich geheiratet habe. Als Heike auf der Welt war, habe ich manchmal getrunken, vor allem, wenn es in mir so unruhig war, nur um mich zu beruhigen. Später trank ich nicht mehr regelmäßig, aber auch ohne Alkohol war mein Geist natürlich noch genauso verwirrt wie vorher. Essen und Alkohol haben ja eine Funktion gehabt, ich wollte das ganze Elend nicht spüren, wie eine große Decke legte sich das dann auf die Verwundungen.

Bis zu dem Zeitpunkt befand ich mich auf der dunklen Seite des Lebens und war körperlich einfach erschöpft. Ich hatte sicher oft depressive Stimmungen, vielleicht auch Depressionen. Bin ja nie zum Arzt gegangen. Ich habe mich geschämt, folglich habe ich mich auch keinem Arzt anvertraut. Ich wollte das irgendwie alles gar nicht wahrhaben und habe auch gar nicht gespürt, wie es mir wirklich geht. Nur wenn es zu viel war, dann half das Jammern … ›Ach, mir geht es so schlecht …‹

Das Verhältnis zu meiner Tochter war sehr früh schon schwierig, insofern, als ich sie mit meinem inneren Mangel konfrontiert habe. Zum Beispiel wollte ich ihr nah sein, mit ihr kuscheln – das, was ich mein Leben lang so vermisst habe. Sie hat aber gemerkt, dass ich etwas von ihr haben wollte, dass ich mich meinte und nicht sie. Sie hat dann angefangen, sich zu distanzieren und die Grenze gesetzt und das schon als kleines Kind. Sie hat mich weggeschubst oder ein abweisendes Gesicht gemacht, sich auf ihr Zimmer zurückgezogen: ›Lass mich, Mama!‹ Erstaunlich für ein Kind, aber sie hat ganz klar gespürt, dass etwas mit mir war. Wenn das passierte, ging in mir mein ganzer Kindheitsfilm los: ›Ich werde abgelehnt, selbst meine

Tochter lehnt mich ab … Niemand liebt mich …‹ Das war für mich, obwohl ich doch erwachsen war, sehr, sehr schmerzhaft. Ich habe versucht, sie das nicht spüren zu lassen, aber das hat so weh getan.

Das hat dann meine Anstrengungen verstärkt, es irgendwie richtig zu machen und sie zu erziehen, aber auch das war total verdreht. Ich dachte dann, ich muss jetzt strenger sein … also *push and pull* und hin und her. Sie solle jetzt den Mülleimer ausleeren, und zwar sofort und nicht erst dann, wenn sie Lust dazu hatte. Oder die Küche sei immer noch unaufgeräumt. Es gab Krach und Kämpfe. Im Nachhinein sehe ich, sie hat die gleiche Strategie gewählt wie ich als Kind. Sie hat sich zurückgezogen von mir, hat nicht mehr geredet. So wie ich das in meiner Kindheit auch gemacht habe, um Ruhe zu haben von dem ganzen Theater. Ich dachte aber immer, ich mache das besser. O Gott! (Lacht) Aber womit, mit welchen Ressourcen hätte ich das tun sollen? Die waren einfach nicht da!

Wir beide haben auch nie miteinander gesprochen, schon gar nicht über Gefühle oder wie es uns geht. Ich war auch nicht in der Lage, eine gesunde Nähe zu ihr herzustellen, sondern war wieder beleidigt, wenn sie mich abgelehnt hat. Dann habe ich rumgeschmollt. Das ganze Programm. Meine Tochter hat echt was mitgemacht mit mir, und gottlob hat sie sich da rausgekämpft.

Heute sehe ich: Sie ist so eine tolle, kraftvolle, reife Frau geworden. Ich bin so stolz! Nach vielen Jahren haben wir uns jetzt vor kurzem wieder getroffen, nach einer langen Zeit der für mich kaum zu ertragenden Stille. Sie hat den Kontakt nicht mit einem Knall abgebrochen, es war ein schleichender Prozess. 2004 hat sie Abitur gemacht und ist dann in die Schweiz gegangen, ich habe ihr noch beim Umzug geholfen. Da hatten wir noch hin und wieder Kontakt, dann ging sie langsam auf Distanz. Wir haben selten ein bisschen telefoniert: ›Wie geht's, was machst du?‹ Später kann ich mich an eine Situation erinnern, da war sie hier zu Hause und wollte mir etwas von sich erzählen. Es war Abend und ich war schon müde und habe dann gesagt: ›Du Heike, ich kann nicht mehr zuhören.‹ Das hat sie so verletzt. Und ich habe gedacht, ich sorge gut für mich und sag ihr, dass ich nicht mehr zuhören kann. Aber das war ihr Schmerzpunkt: ›Du bist nie für mich da, wenn ich dich brauche! Wenn ich dir schon mal was erzählen will, dann sagst du mir, du kannst mir nicht zuhören!‹ Das war genau das, was sie schon immer wusste.

Dann hat sie irgendwann mitgeteilt, ich soll nicht mehr schreiben und soll nicht mehr anrufen und später, ich solle auch keine Karte mehr aus dem Urlaub schicken. Denn das löse bei ihr negative Gefühle aus. Sie kriege Migräne, wenn sie nur an mich denke. Da habe ich gemerkt, das ist jetzt ernst und wichtig. Ich wollte doch, dass es ihr gut geht. Da habe ich angefangen, mir zu sagen: Ich kümmere mich jetzt um mein Leben, habe ja genug mit mir selbst zu tun und dann: ›Lass los, lass los.‹ Aber das war ein langer sehr schmerzhafter Prozess mit vielen inneren Abgründen.

Und dann kam 2016 dieses Buch. O Gott, dieses Buch! Ich war sehr verletzt darüber, es heißt: *Wie ich dazu kam, meiner Mutter den Tod zu wünschen*. Sie hatte mich vorher darüber informiert, aber der Titel hat mich wirklich geschockt. So eine Wut! Ich konnte es mir lange nicht ansehen, habe es immer wieder gemieden. Dann habe ich mal einige Seiten gelesen. Ich hatte ja schon ganz viel davon vergessen, wie es früher bei uns war. Sie beschreibt da Situationen ... Als ich das gelesen habe, kamen die ganzen Erinnerungen hoch, wie ich früher so drauf war. Puh ...

Sie hat wohl auch eine Therapie gemacht, und ich glaube, die Therapeutin, bei der sie war, als sie das Buch geschrieben hat, die hat ihr gesagt, was sie da für eine beschissene Mutter habe. In dem Buch steht auch, dass die Therapeutin mich diagnostiziert hat. Ich sei ein Borderliner. Da war ich echt sauer! Die kennt mich überhaupt nicht und behauptet so was! Ich habe natürlich gleich die zehn Merkmale durchgecheckt und gedacht, das eine oder andere kenne ich schon – Depressionen und Süchte. Aber Borderline, nein.

Diese Härte und diese Wucht, mit der sich Heike abgegrenzt hat, dieser Zorn, das war schon heftig für mich. In all den Jahren habe ich ganz wenige Versuche gemacht, wieder mit ihr in Kontakt zu kommen, denn ich weiß, wenn sie Nein sagt, dann ist das ein Nein. Schon als Kind war das so. Und mir war klar, ich habe sie früher so viel bedrängt und belatschert, damit muss ich aufhören.

Mit vielen Menschen habe ich gesprochen, vor allem über mich und meine Geschichte, allein das hat mir schon gutgetan. Und ich kann heute sehen, das war und ist mein Leben. Ich kann es ja nicht mehr ändern. Ich habe dadurch eine andere Haltung gegenüber meiner Tochter bekommen. Es gab vieles, aber eines hat mir dabei besonders geholfen. Eine Freundin hatte mir geraten, eine der Aufgaben aus dem 12-Schritte-Programm der Anonymen Alkoholiker zu versuchen. Es geht dabei um Wiedergutmachung. Was bedeutet, dass man versucht, das, was man durch sein Verhalten bei anderen an Schaden angerichtet hat, auf irgendeine Art und Weise wiedergutzumachen. Ich konnte natürlich nicht mit Heike reden, also habe ich für mich aufgeschrieben, was ich ihr sagen möchte. Nur das Wesentliche, ganz kurz, aber das hatte es in sich. Das war sehr schwer zu formulieren. Wiedergutmachung geschieht natürlich dadurch, dass ich mich anders verhalte, und das setzt voraus, dass ich erkenne, worum es wirklich geht, aufrichtig und klar. Dann konnte ich spontan aufschreiben: ›Es tut mir leid, dass ich dir nicht geben konnte, was du gebraucht hast.‹ Und habe aufgezählt: ›Wertschätzung und Liebe, Raum für deine eigene Entfaltung, dich als eigenständige Person wahrzunehmen.‹ Denn ich glaube, das ist das, was ihr gefehlt hat.

Ich wusste, ich musste sie und damit in Folge auch mich selbst in Ruhe lassen. Mir war klar, dass es für sie einfach notwendig war, ihr eigenes Leben zu leben, und ich musste drauf warten, dass sie auf mich zukommt, und so ist es ja dann auch geschehen.

In der Zeit habe ich viel über mich erfahren, habe auch viel unternommen und mich um mich gekümmert. Das nennt man wohl Selbstfürsorge. Das ist etwas, was ich lernen durfte, denn das wurde mir sicher nicht in die Wiege gelegt, und es fällt mir noch immer schwer. Was ich in all den Jahren geschafft habe? Ich bin offen und ehrlich mir selbst gegenüber und vor allem ich bin aus dem Schweigeturm rausgekommen. Ich muss mich heute nicht mehr verstecken oder mich irgendwie schämen. So war mein Leben. So war ich drauf. Das kann ich heute akzeptieren, ich hätte auch nichts anders machen können. Das sind einfach die Konsequenzen, in solch einer dysfunktionalen Familie aufgewachsen zu sein. Mit diesem Wissen muss ich mich nicht mehr dafür schämen. Aber das hat lange gedauert bis hierher. Wenn man so viel Kritik und Abwertung erlebt hat, ist es schwer, sich selbst zu lieben.

Ja, und jetzt ist das Wunder passiert. Wir sind wieder in Kontakt! Meine Tochter hat promoviert, interessanterweise zum Thema Demenz, und es gab eine Feier in der Schweiz, zu der ich eingeladen war.

Dazu muss ich sagen, in den vielen schrecklichen Jahren, in denen es keinerlei Kontakt gab, hatten wir eine Art geheimer Verabredung. Wir haben uns zu den Geburtstagen etwas geschenkt. Ich durfte ihr ein Geschenk schicken. Da bin ich wirklich dankbar, dass sie das Band nicht ganz gekappt hat. Ihrem Vater, mit dem sie die ganze Zeit in Kontakt war und dem sie auch nie etwas angelastet hat, ihm hat sie mitgeteilt, was sie sich wünschte, ich musste mir etwas ausdenken. Im vergangenen Jahr habe ich mir etwas ausgedacht, was sie offenbar sehr gefreut und wohl auch berührt hat. Ich mag nicht sagen was, denn es ist etwas Persönliches. An so einem Geschenk hängen ja Botschaften dran und genau das wollte sie sicher. Ich denke, es hat ihr gutgetan, dass ich mir Gedanken über sie mache, dass sie so wertvoll für mich ist, dass ich wirklich überlege, was sie erfreuen kann, eben weil sie mir so wichtig ist.

Ich glaube, es hat geholfen, dass es immer diesen ganz dünnen Faden gab, diesen Geschenkefaden, obwohl das Buch sehr heftig, verletzend und kränkend war und ich habe mich erschrocken, dass sie so einen Hass auf mich gehabt hat. Das Interessante ist aber, dass der Hass, den sie zugelassen hat, wahrscheinlich der Beginn einer Kontaktmöglichkeit war. Irgendwie habe ich auch gedacht, obwohl das alles so unangenehm war: ›Gut, dass du dir das mal von der Seele geschrieben hast.‹ Ich habe gespürt, das ist jetzt wichtig für sie. Sie sagt, sie habe das Buch auch geschrieben, um anderen zu helfen, die ähnliche Erfahrungen gemacht haben wie sie, und ja, vielleicht kann ihr Buch manchem Trost oder Hilfe sein.

Sie hat nach diesem sehr persönlichen Geschenk eine Nachricht geschickt, die mich so gefreut hat. Seither wird es immer besser und dann jetzt der Besuch zu ihrer Feier. Kann man sich vorstellen, wie stolz ich bin? Sie hat so ein Selbstbewusstsein entwickelt, von dem Tag gibt es ein Foto und ich strahle. Am nächsten Tag haben wir uns nochmal im Café getroffen und das war so ein schönes, vertrautes Gespräch und ganz leicht. Sie hat viel von sich erzählt und ich habe zugehört. Sie hat dann ein Selfie von uns beiden gemacht, das hat mich so berührt und gefreut – Mutter und Tochter. Seither schickt sie immer mal wieder eine Nachricht oder mal ein kleines Video. Manchmal frage ich sie: ›Hast du mal wieder Lust zu telefonieren?‹ Dann gibt es einen Videocall. Es geht irgendwie total leicht, ich staune immer nur. Wirklich, ich staune nur. Was ich mir vorher alles überlegt habe! Ich hatte so eine Angst vor dem ersten Zusammentreffen. Jetzt gerade hat sie seit zehn Tagen nicht auf meine Nachricht geantwortet, da fange ich schon wieder an zu überlegen, ›Hast du da was verkehrt gemacht? Nee, lass mal! Sie hat ihre Gründe. Vielleicht hat sie gerade viel um die Ohren.‹ Es gilt immer noch: ›Lass los, lass los.‹«

So war mein Leben – Anerkennen der Realität

So weit die Geschichte von Margit Arendt und ihrer Tochter Heike. Lassen Sie mich einige Gedanken anfügen, die grundlegend für viele Familienbrüche sind. Ich bin Margit Arendt schon einmal in dem Jahr, als das Buch ihrer Tochter erschien, begegnet, und erinnere das als sehr schwere Zeit für sie. Damals hatte selbst ich Zweifel, ob sich diese Beziehung erholen und wieder annähern könnte. Durch den rigorosen Kontaktabbruch konnte die Mutter gegenüber der Tochter nichts richtigstellen, nichts klären, nichts verändern. Den einzigen Handlungsspielraum, der möglich war, hat sie genutzt. Sie hat sich mit sich selbst beschäftigt, sich ihrem eigenen Leben gestellt. Sie hat sich gefragt: Wie konnte es so weit kommen? Wie war ich früher? Was weiß ich über mich und die Liebe? Margit Arendt hat sich nach Liebe und Respekt gesehnt und als junge Mutter nicht geahnt, dass sie diese Nähe von der Tochter haben wollte oder brauchte. All das lag in einem noch unbetretenen, unbewussten Terrain, und ist in einer Zeit geschehen, in der sie vollkommen überfordert war.

Ein Satz ist in diesem Lebensbericht zu lesen, der so bemerkenswert ist, dass ich ihn noch einmal hervorheben möchte. Sie sagt: »Ich muss mich heute nicht mehr verstecken oder mich irgendwie schämen. So war mein Leben. So war ich drauf.« Die Selbstreflexion, der Mut, die Tabus und Schmerzpunkte aus der Herkunfts- und der eigenen Familie zu benennen, haben dazu geführt, dass die Gedanken, die Selbstvorwürfe um die eigene Schuld und Scham, das zerfleischende Grübeln, dem realistischen Bild gewichen sind. Der Nebel hat sich gelichtet, denn die Wahrheit heißt: »So war mein Leben.« Das war mein eigenes Leid, und ich kann jetzt sehen, dass mein Kind auch unter mir gelitten hat. Das Anerkennen dieser Realität ist aus meiner Sicht der Weg, um aus der Selbstverurteilung heraus- und mit sich selbst in Frieden zu kommen.

Die Luft zwischen Mutter und Tochter ist heute klar und nicht geschwängert von Sehnsüchten, Wünschen, Vorstellungen, Besserwissen, Tipps und Forderungen. Heike lebt ihr Leben, nach ihren Vorstellungen. Beide gehen um mit ihrem schweren Gepäck. Sicherlich fühlt es sich an manchen Tagen noch schwer an, aber es gibt mehr und mehr Tage, da ist es leichter oder wird kaum noch zu spüren sein.

Ein hauchdünnes Band

Vielleicht geht es Ihnen als Leserin, als Leser wie mir, wenn Sie diesen Bericht lesen: Beide Seiten sind nachvollziehbar und einsichtig. Und obwohl ich die Tochter nicht kenne und nur Einblicke aus ihrem Buch habe, kann ich nachvollziehen, was sie zu ihrem Handeln bewegt hat und warum es so weit kommen konnte. Es mag überinterpretiert sein, aber die große Wut der Tochter, die sich in dem Buchtitel ausdrückt, steht vielleicht für die unterdrückte Wut des gesamten weiblichen Familiensystems. Sie ist die Erste, die aufsteht und sich wehrt. Sie reklamiert eine Mutter, die sie hätte schützen und stärken sollen, so wie ihre Mutter und ihre Großmutter es auch gebraucht hätten. Sie unterbricht die Reihe der Frauen, die sich untergeordnet haben und die durch Geringschätzung und Abwertungen in den Familien so geschwächt und entwertet waren. Die Wut ist die Kraft, die es schafft, sich von der Schwäche, dem Gefühl der Wertlosigkeit abzugrenzen. In der Abgrenzung zu ihrer Mutter steht sie für ihren eigenen Wert ein.

Was an dieser Geschichte vielleicht erstaunt: Ungeachtet dieses vehementen Bruchs gab es ein Band, das Geburtstagsgeschenk. Das erlebe ich immer wieder, trotz der schweren Zerwürfnisse, trotz der Gegensätzlichkeit, halten viele erwachsene Kinder einen

Faden, ein dünnes Band. Manchmal ist es sehr, sehr dünn, aber es ist da. Die einen lassen den Eltern eine kleine Information über Geschwister oder Verwandte zukommen. Andere schicken von Zeit zu Zeit eine SMS oder eine WhatsApp-Nachricht, wollen aber keine Antwort. Andere nehmen nach längerer Pause einen kurzen Kontakt auf, allerdings zu ihren Bedingungen. Aber es besteht dieses Band. Immer wieder höre ich von den kontaktabbrechenden Töchtern und Söhnen Sätze, die im Kern so klingen: »Ich will meiner Mutter, meinem Vater nicht weh tun oder sie verletzen, nur so, wie es zwischen uns war und ist, das halte ich nicht mehr aus. Deshalb ziehe ich mich zurück.« Selbst Menschen, die den Kontakt rigoros abgebrochen haben, die sogar ihre Adresse vor der Familie verbergen, kontaktieren mich mit der Frage: »Meine Eltern sind in einem Alter, wo sie sterben könnten, was kann ich tun?« Das Band bleibt aus meiner Sicht bestehen.

Kapitel 6: Als sei es unaussprechbar – die Bedeutung des familiären Schweigens

Bis hierher sind die Folgen der traumatisierenden Kriegsereignisse dargestellt worden und wie das bindungslose und sprachlose Verhalten der Zeit nach dem Krieg weiterwirkt. Vor allem aber ging es darum, welche Auswirkungen das auf die nächste Generation haben kann. Es sind die unbewältigten Schrecken, die unverarbeiteten Erschütterungen, die im Untergrund der Seele rumoren. Sie sind nicht bewusst, aber die Folgen nehmen die Betroffenen wie gefangen und beeinflussen ihren Lebensweg. »Wenn Eltern selbst traumatisiert sind, haben sie möglicherweise ein anderes ›Brutpflegeverhalten‹, als dass es gut wäre für die Nachkommen«, sagt Harald Schickedanz, Vorstand der deutschen Gesellschaft für Trauma. Er spricht davon, dass traumatisierte Eltern oftmals nicht mehr gut in Resonanz mit ihren Kindern sein können. »Weil der traumatisierte Mensch so sehr mit sich beschäftigt ist, dass er gar nicht zu gesunden Interaktionen in der Lage ist oder immer wieder ausfällt.«[19] Anders ausgedrückt: Das Trauma wirkt weiter und nimmt viel Raum, viel Energie in Anspruch, und natürlich beeinflusst es die Beziehungen, auch zu den Kindern. Schickedanz sieht darin den Grund, wa-

19 Möller, Heike: Aus Wunden werden Narben, in: *Deutschlandfunk Kultur*, 3.5.2022, www.deutschlandfunkkultur.de/trauma-traumata-transgenerational-generationen-100.html

rum die nächste Generation, die Kinder, Problematiken entwickeln könnten, die ihren Ursprung in den Traumata der Eltern haben.

Angst, unterdrückte Gefühle, unbewältigter Stress und Traumata, die die Eltern in sich tragen, verflüchtigen sich nicht, sie sind Teil des Lebens und damit des Familienlebens. Da ist die erwachsene Tochter, die so viel Angst hat, ihren Kindern könne etwas zustoßen. Niemals hat sie oder eines ihrer Kinder Bedrohliches erlebt. Aber ihr Vater: Er hat seinen kleinen Bruder vor sechzig Jahren im Alter von fünf Jahren auf schreckliche Weise an Diphtherie verloren. Ein Ereignis, über das seine Familie nie mehr sprechen konnte. Seine Tochter hat es nie erfahren, dennoch scheint sie darauf zu reagieren. Sie hat auf »unerklärliche Weise« wiederum Angst um ihre Kinder. Das Geschehene bleibt verdeckt, weil keiner spricht, und ist dennoch atmosphärisch da. Es sind das Ungesagte und die Auslassungen, die Leerstellen, die Spuren hinterlassen. Noch vor gar nicht langer Zeit, da wurden tragische Ereignisse vor den Kindern bewusst verschwiegen. Sie wurden angelogen unter dem Deckmantel, das könne ein Kind nicht verkraften. Aber Kinder spüren, da ist etwas, und weil es verhüllt bleibt, können sie ihre diffuse Wahrnehmung nicht zuordnen. Das Verdrängte und Beschwiegene ist dann wie ein Phantom, und es bleiben schattenhafte Wahrnehmungen, die im Untergrund der Seele ihre Wirkung zeigen. Denn wenn man das Phantom nicht einordnen, ihm keinen Platz zuweisen kann, dann kann das wie eine nebulöse Angst weiterwirken. Solch eine unklare Angst beschreiben erwachsene Kinder von Zeit zu Zeit. Das Nicht-Ausgedrückte führt ein Eigenleben.

Wenn ich das formuliere, dann höre ich vor allem betroffene Mütter, die diesen Fakt sofort auf sich beziehen: »Wie schrecklich, das alles zu lesen, ich wollte doch alles besser machen und meinem Kind nicht schaden, was habe ich bloß angerichtet.« Aber es geht nicht um einen persönlichen Fehler. Mittlerweile gibt es

Forschungsergebnisse, die zeigen, Kriegs- und Bindungstraumata vererben sich auf genetischer, biochemischer und seelischer Ebene. Ein Trauma bedeutet Stress und dieser Stress kann bis in die Urenkelgeneration reichen. Die Erbschaften an die nächsten Generationen geschehen und das seit Menschengedenken, seit es Kriege und Gewalt gibt! Heute wissen wir darum, und wir wissen, die unverarbeiteten Schrecken wandern weiter, bis sie ans Licht kommen. Bis die alten Wunden wahrgenommen und verschmerzt worden sind. Und wenn die erwachsenen Kinder heute ihre Not beschreiben und einen Mangel an Verbindung und Offenheit beklagen, dann sind sie es, die in einer Gesellschaft leben, in der man das endlich kann. Sie holen die Verletzungen ans Licht.

Auf all das bin ich so ausführlich eingegangen, um aufzuzeigen, bei den Familienzerwürfnissen geht es nicht nur um die persönliche, sondern vor allem auch um eine kollektive Thematik. Daneben gibt es natürlich die singulären Traumatisierungen. Jedwede emotionale, körperliche und sexuelle Gewalt, alles, was Menschen anderen Menschen Leidvolles antun, hat nachhaltige Folgen. Aber auch Schicksalsschläge wie viel zu früher Verlust, folgenreiche Unfälle, dramatische Scheidungsverläufe können ein Familiensystem nachhaltig erschüttern, wenn all das nicht als Erschütterung erkannt, sondern weggeschoben, abgetan, kleingeredet und beschwiegen wird. Zu den familiären Kernproblematiken gehört das Schweigen. Darum wird es in diesem Kapitel gehen.

Der Stille Rebell oder Es wurde nie darüber gesprochen

Etwa zwei Jahre ist es her, als mich eine junge Frau kontaktierte, um mit mir über ihre Eltern zu sprechen. In dem Gespräch konnte ich ihre Verzweiflung spüren, obwohl, so schien es mir, ihre Familie eigentlich eine gute, eher harmonische war – und doch fühlte sie sich nicht verstanden. Die Mutter sei sehr stark, der Vater existiere quasi nicht, obwohl er lieb und nett sei. Der Bruder wolle immer den Ton angeben, und keiner höre ihr zu, das habe ihr Gefühl, unwichtig zu sein, über die Jahre wachsen lassen. Sie brach den Kontakt zur ganzen Familie ab.

Etwa 18 Monate später meldet sich ihr Vater mit einer Mail bei mir. Seine Frau habe ihm mit Nachdruck empfohlen, mein Buch *Kontaktabbruch in Familien* zu lesen, und das habe er jetzt getan. Mit der Lektüre seien ihm sozusagen Scheuklappen von den Augen gefallen, und er fange zum ersten Mal an, die Zusammenhänge zu verstehen und etwas zu spüren. Nach einem ersten Kontakt habe ich ihn gefragt, ob er für mein Buch näher beschreiben könne, wie er bisher durchs Leben gehe und gegangen sei. Sofort willigte er ein. In unseren ausführlichen Gesprächen hatte ich dann das Gefühl, als gebe er sich endlich die Erlaubnis auszusprechen, was ihn schon lange bewegt. Und so erlebe ich Peter Bloch in unseren Gesprächen als wachen, klugen Geist, wissbegierig, offen und fragend, was sein Leben und seine Person betrifft.

Peter Bloch, heute in seinem Business sehr erfolgreich, lebt im Süden Bayerns. Hier berichtet er aus seiner Biografie.

»Ich bin der älteste Sohn von drei Kindern und 1969 geboren, habe selber drei Kinder und bin sehr glücklich verheiratet. Nachdem es mit meinen Kindern ernste Auseinandersetzungen und Kritik an mir und meiner Rolle als Vater gegeben hat, bin ich nun dabei, mir anzuschauen, was da los ist bei mir. Vorher habe ich noch nie in meinem Leben mich oder mein Verhalten reflektiert. Für das Emotionale war meine Frau ›zuständig‹. Da kennt sie sich sehr gut aus. Ich bin eigentlich gesellig und rede gerne über alles, nur nicht über mich. Vielleicht auch, weil ich bisher kaum eine Ahnung hatte, was mich wirklich bewegt und anbelangt. Jetzt möchte ich aber diese Scheuklappen ablegen.

Ich beginne mit meinem Vater. Er hatte keine leichte Kindheit, ist als viertes von neun Kindern auf einem ärmlichen Bauernhof aufgewachsen. Es war Kriegszeit, seine Mutter ist sehr früh verstorben. Den Großvater, den habe ich noch als alten Mann gekannt, der hatte offenbar einen sehr lockeren Umgang mit Frauen. Er war ein Frauenheld, der Vater meines Vaters.

Das Verhältnis zu meinem Vater war speziell. Ich war sein Lieblingskind. Er hat Anfang der 1970er-Jahre einen Wasser-Installationsbetrieb gegründet und sich auf alternative Energiegewinnungssysteme spezialisiert. Er war zu seiner Zeit ein Pionier in Deutschland. Mit seiner unglaublichen Neugier und seinem technischen Verständnis hat er sich von seiner Herkunft emanzipiert und sich aus ihr herausgearbeitet. Er hat aber immer sehr damit gehadert, dass er keinen Titel hatte und kein Studium. Ich glaube, er war nur auf der Volksschule und durfte dann mit 14 Jahren eine Lehre machen. Später machte er Erfindungen und arbeitete sogar mit Professoren zusammen. Er wollte unbedingt, dass ich ein Technikstudium absolviere und der Firma dann einen Titel bringe. Ich war nicht nur sein Vorzeigeobjekt als Kind, sondern seine große Hoffnung. Als ältester Sohn und technisch sehr interessiert und begabt, war ich der, ›der mal die Firma übernimmt‹. Bin jetzt aber kein Techniker geworden.

Ich sollte dann in Karlsruhe studieren. Ein Jahr vor dem Abitur ist er mit mir nach Karlsruhe gefahren, er hatte da zu tun und ich sollte mich an der Uni umschauen. Ich war aber nie da! Ich sollte mich auf Eigeninitiative erkundigen, wie das mit dem Studium läuft, stattdessen bin ich in Karlsruhe losgezogen, um nach einem Geschenk für meine Freundin zu suchen. Dann bin ich wieder unverrichteter Dinge mit ihm nach Hause gefahren. Ein anderes Mal war ich in einem Institut in München, meine Frau, damals noch Freundin, war dabei. Sie ist etwas älter als ich und war schon mit ihrem Studium fertig. Sie hat dann mit dem Professor gesprochen und ich bin wie ein kleines Kind daneben gesessen und hab herumgeschaut. Sie hat mich danach gefragt: ›Was willst du eigentlich, willst du überhaupt studieren? Willst du die Firma übernehmen?‹ Da erst habe ich mir das alles bewusst gemacht und mir eingestanden, das will ich nicht. Es war alles vorherbestimmt und ich habe das nie hinterfragt.

Wirtschaftlich war mein Vater nicht sehr tauglich, meine Mutter hat im Betrieb die Buchhaltung gemacht und damit eigentlich die Familie erhalten, denn er hat immer wieder heimlich Privatentnahmen getätigt, um sein Leben im Gasthaus zu finanzieren.

Mein Vater hat eigentlich ein Doppelleben geführt. Er verbrachte viel Zeit in den Gaststätten und ist dort seinen geselligen Bedürfnissen nachgekommen. Es gab Geheimnisse um ihn, er hat etwas gelebt, wovon der Rest der Familie so tat, als hätte sie keine Ahnung davon. Er war als Selbstständiger viel unterwegs und ich war oft dabei. Damals habe ich mitbekommen, dass es überall Gasthäuser gab, die er kannte und wo er einkehrte. Da war eine Kellnerin und wir sind häufig dorthin gefahren, mit ihr hat er an der Bar geraucht. Er war eigentlich Nichtraucher und plötzlich raucht und schäkert er da so herum in meiner Anwesenheit. Es ist nichts passiert, denke ich, aber es war schlimm für mich. Noch als Jugendlicher habe ich oft gesehen, wie er mit irgendeiner Dame dagesessen ist, das war jedes Mal schrecklich für mich. Er war eben auch ein Frauenheld.

Er hat mich, das sehe ich jetzt, mit seinen Geschichten zum Geheimnisträger gemacht, trotzdem bin ich sehr gern mit ihm gefahren. Er hat dann viel erzählt, ich selbst habe nichts gesagt. Er hat mich auch nicht gefragt, wie es mir geht oder wie es in der Schule ist. Wir haben praktisch nie über Persönliches gesprochen.

Mein Vater hatte auch eine unkontrollierte Seite, an die ich eine starke Erinnerung habe. Als kleines Kind war ich bei einem Freund zu lange unterwegs. Bin dann am Abend nach Hause gekommen, das war nur über die Straße drüber und er hat mich im Stiegenhaus abgepasst und hat mich ziemlich versohlt, bis meine Mama eingeschritten ist. Ich weiß nicht mehr, wie intensiv das war, aber ich höre meine Mama noch schreien, er soll jetzt aufhören. Jahrelang habe ich mich danach schuldig gefühlt, weil ich nicht rechtzeitig nach Hause gekommen bin. Das ist hängengeblieben bei mir. Er hat nicht oft geschlagen, normalerweise ist er einfach geflüchtet. Wenn wir zusammen gespielt haben, Mensch ärgere dich oder so was, und es lief nicht gut für ihn, dann ist er in Wut gekommen, hat alles zerstört und ist gegangen und wir sind dagesessen. Er ist einfach aus dem Kontakt gegangen und das ist oft passiert. Ob es bedrohlich für mich war, weiß ich nicht, aber er war schon sehr dominant, und man durfte ihn nicht hinterfragen.

Wenn ich mit ihm im Auto gefahren bin, dann war ich einfach lieb, und wir hatten es gut. Ich frag mich ab und zu, warum habe ich nicht studiert oder irgendwas in diesem Bereich gemacht? Mich hat das eigentlich interessiert. Jetzt wird deutlich, ich wollte nicht. Es gibt offensichtlich einen Teil in mir, der ihm nicht folgen wollte, der ihm gezeigt hat, ganz subtil, du kannst mir nicht sagen, wie mein Leben aussehen soll. Vielleicht war da auch Wut, im Sinne von: Was du willst, das mache ich schon lange nicht. Bisher habe ich geglaubt, ich sei zu faul zum Studieren gewesen, denn als sein Lieblingssohn habe ich immer alles bekommen, und mir sind viele Dinge in den Schoß gefallen. Ich bin jetzt 54, und es ist das erste Mal, dass ich das realisiere.

Einmal ist er am Weihnachtsabend nicht gekommen, er war im Gasthaus. Um 17 Uhr sollte wie immer die Bescherung sein, am Abend zum Weihnachtsessen war er auch noch nicht da, das war schrecklich für uns alle. Die Mutter in Auflösung, und keiner wusste, was passiert ist. Sehr spät ist er dann doch gekommen. Aber durch diese Geschichten ist da ein Damoklesschwert über der ganzen Familie gehangen, er könnte einfach weggehen. Nach außen musste immer alles ganz toll aussehen, das Ansehen war sehr wichtig.

Ich weiß schon lange, ich müsste mich mit meinem Vater beschäftigen, aber ich habe es nicht zusammengebracht. Ich habe mich nicht mit ihm konfrontiert, und ich glaube, Sie haben Recht, Frau Haarmann, damals habe ich etwas gelernt, was mein Leben geprägt hat: Wenn ich nicht auffalle, sondern angepasst bin, wenn ich nicht wütend werde, wenn ich mich nicht streite, wenn ich unauffällig, lieb und freundlich bin, dann geht alles gut. Denn immer war die Bedrohung da, es könnte sich alles auflösen und er geht, er hatte ja dieses Doppelleben. Das wäre eine Katastrophe gewesen. Meine Mama konnte allein mit den drei Kindern gar nicht klarkommen und ich wollte die Mama auch beschützen. Als Erwachsener hätte ich ihm dann doch Paroli bieten müssen, das habe ich aber so gut wie nie getan.

So habe ich gelernt, Konflikten aus dem Weg zu gehen und habe mich ihnen entzogen. Da ist eine große Scheu in mir, wenn Probleme auftauchen. Ich will auch nichts falsch machen. Ich zeige mich nicht und merke, dass dieses Angepasstsein mir Lebensenergie nimmt. Mir fehlt oft der Antrieb und die Freude, etwas zu initiieren. Mit der Folge, dass ich schlecht über mich denke und mich innerlich niedermache im Sinne von: Ich bin einfach zu bequem. Bis heute laufe ich ein bisschen wie in Trance durch mein Leben und es ist bisher ohne Tiefe verlaufen. Ich sage mal so – ich war bisher konsumorientiert und auf der Suche nach Glücksmomenten, eigentlich oberflächlich. Ich habe mich nicht wirklich auseinandergesetzt mit Fragen wie: Wo komm ich her, was ist der Sinn meines Lebens? Wir sind zwar katholisch aufgewachsen, aber es war eher ein Mitläufertum, ich war Ministrant und so weiter, aber ohne Inhalt. Interessant, das Wort Mitläufer, das war auch das Verhältnis mit meinem Vater. Ich bin mit ihm mitgelaufen, immer und überall hin, und ich habe mich weggeduckt. Vielleicht war da auch Angst, denn da war ja noch meine Mutter! Von ihr berichte ich noch.

Ich bin aber auch stolz auf ihn, was er alles zusammengebracht hat. Er war christlich und sozial immer engagiert, und über sein technisches Know-how, da könnte ich vieles erzählen. Das mache ich auch häufig, aber da ist diese Diskrepanz, und ich will da nichts mehr beschönigen, sondern hinsehen. Er hat natürlich auch seine Geschichte. Aber ich frage mich, wo ist bei uns Menschen der Kipppunkt? Wohin entscheiden wir uns und warum? Denn wir müssen Entscheidungen treffen, jeder muss Entscheidungen treffen, und das ist mein Problem. Mein Vater hätte sich auch anders entscheiden können. Man kann aber nicht das ganze Leben darauf aufbauen, dass man so geprägt ist, wie man ist.

Jetzt bin ich gefordert, denn da ist meine jüngste Tochter, die den Kontakt abgebrochen hat. Am Anfang habe ich geglaubt, es geht um meine Frau. Sie ist eine sehr starke Persönlichkeit und kann auch unbequem sein, weil sie die Dinge benennt. Und ich bin doch so umgänglich und lieb. Aber dann sagt meine Tochter zu mir: ›Es geht um dich! Du warst nicht da. In der Pubertätszeit, da war kein Vater für mich da. Der Vater, an dem man sich reiben kann, der einem sagt, das musst du so und so machen.‹ Und Lena beklagt, dass mein ältester Sohn, ihr Bruder, diese Rolle übernommen habe. Und das passt ihr überhaupt nicht.

Ich sehe, wie mein Ältester und auch die Töchter in den letzten Jahren sehr viel nachgedacht haben. Sie sind reflektiert und haben sich eine eigene Meinung gebildet. Das, was ich vermieden habe. Ich habe mir nie überlegt, wie ich zu etwas stehe. Und jetzt kommt meine Tochter und sagt: ›Ich will keinen starken Bruder, ich will einen starken Vater. Ich habe den Vater vermisst, der mir hätte helfen müssen, eine Orientierung in dieser Welt zu finden.‹ Und so spricht meine Tochter zielgenau meine größte Wunde an. Ich habe erst gar nicht gewusst, was sie meint und worum es geht. Habe gedacht, das komme von ihrem Mann, und er habe ihr das eingeimpft. Warum muss plötzlich alles aufgebrochen werden in der Familie? Aber es geht wirklich um mich. Sie wirft mir vor, wir könnten uns nur oberflächlich unterhalten, und das könne sie nicht mehr aushalten, wenn wir zusammen wären. Wir hatten dann ein Gespräch, und ich habe eigentlich nicht verstanden, was sie mir sagen will, und habe auch nichts sagen können. Sie war natürlich enttäuscht. Das gipfelte dann bei der Geburtsfeier ihres ersten Sohnes. Die Verwandtschaft ihres Mannes war natürlich da, und meine Frau und ich hatten den Eindruck, alles, was von der anderen Verwandtschaft kam, sei super, und bei uns sei alles keineswegs super.

Nur, ich habe geglaubt, auch mit unserem heute gelebten christlichen Hintergrund, wir sind eine heile Familie, da passiert nichts. Es ist alles toll und wir halten zusammen. Und dann signalisiert meine Tochter uns, wie toll die andere Familie ist. Es war, als würden wir geschnitten. Wir fühlten uns vorgeführt, aber wir haben mitgespielt und dann hat nach dem Essen – also ich erzähl das jetzt aus meinem damaligen Empfinden heraus – der Schwiegervater eine Rede geschwungen, und ich habe gedacht, soll ich jetzt auch was sagen? Habe aber gemeint, eigentlich ist das nicht gewünscht und habe dann auch nichts gesagt. Und später hat meine Tochter deswegen geweint und ihre Schwiegermutter hat sie bemitleidet. Wir sind dagestanden und haben nicht gewusst, wie uns geschieht.

Danach hat sie gesagt, sie hält es nicht mehr aus, sie muss den Kontakt abbrechen – aus. Wir waren hilflos und haben uns gedacht, es wird sich schon wieder einrenken und beruhigen. Das war aber nicht so. Dann sind Monate vergangen, meine Frau und sie haben langsam angefangen zu sprechen. Sie haben wieder einen Draht zueinander gefunden, und meine Frau hat verstanden, was da los ist. Die beiden haben es geschafft, wieder in Kontakt zu kommen. Ich nicht, ich wurde weiter geschnitten. Ich habe die Welt nicht mehr verstanden. Früher hat meine Tochter mir gesagt, ich sei derjenige, mit dem man reden kann, der sich was sagen lässt, der seine Meinung eventuell ändert, und die Mama ist die, mit der man nicht reden kann, und jetzt ist auf einmal alles anders und ich bin der Böse!

Ich habe sie dann doch angerufen und gesagt, es ist doch alles nicht so schlimm ... aber ich habe in Wahrheit nichts sagen können. Ein Teil der Wahrheit wäre gewesen, dass ich nur meine Seite gesehen und ihr letztlich nichts zugetraut habe. Das war ein wichtiger Teil. Ich habe ihr nicht zugetraut, dass sie ins Ausland gehen und dort ihr Leben ohne uns führen kann. Die Zusammenhänge verstehe ich so langsam. Meine Eltern konnten ja auch nicht verstehen, dass ich etwas anderes aus meinem Leben gemacht habe, als sie es mit mir vorgehabt haben. Mein Vater hat mich nie als autonomen Menschen sehen können. Ich sollte das erfüllen, was ihm versagt blieb, als sei ich sein verlängerter Arm. Wenn ich ein Diplom gemacht hätte, dann wäre das sein Glück gewesen. Er hat nie gefragt, was ich mir von meinem Leben vorstelle, und ich habe dann nur im Stillen Widerstand geleistet.

Der Hauptvorwurf von meiner Tochter und auch der beiden anderen ist, dass ich nie Position bezogen habe. Früher, wenn die Kinder irgendwas wollten, im Sinne von: ›Darf ich das‹, und meine Frau war nicht da, dann war ich unsicher und hab gesagt, da muss ich zuerst mit der Mama reden. Das war auch für mich eine unerträgliche Situation. Ich hatte keine eigene Meinung, habe nie meine Kraft gezeigt. Ich habe das einfach nicht gelernt, beziehungsweise habe ich mich immer zu Gunsten meiner Eltern zurückgehalten und geschwiegen. Jetzt bin ich schon ein paar Jahre in so einer Art Midlife-Crisis, und das sind genau die Dinge, mit denen ich hadere. Wie sich das angefühlt hat? Ich würde das als eine gewisse Leere beschreiben. Jetzt kommt aus dem Versteck, was mich mein Leben lang bewegt. Das ist ein wirklich positiver Weg. Ich fange an, meine Sehnsüchte und Wünsche zu artikulieren, das ist sehr schwierig, aber wenn ich es schaffe, tut mir das sehr gut.

Vielleicht ist es an der Zeit, von meiner Mutter zu erzählen. Sie ist auf dem Land in ärmlichen Verhältnissen aufgewachsen. Sie hatte sechs Geschwister, war die dritte, eines ihrer Geschwister war geistig und körperlich behindert. So hieß es zumindest immer in der Familie. Meine Frau hat dann später vermutet, dass sie nur nicht richtig gefördert wurde, dass sie zwar eine Sprachstörung hatte, aber nicht wirklich geistig behindert war. Ihre ältere Schwester, sie muss sehr, sehr lebensfroh gewesen sein, ist im Jugendalter verstorben. Sie ist ertrunken. Davon hat die Mama oft gesprochen, das war ein sehr schlimmer Schmerz für sie. Zum Schluss ihres Lebens hat sie angefangen, über ihr Leben als Kind zu erzählen, und sie hat angedeutet, dass ihr Vater auch kein Kind von Traurigkeit war. Ich nehme das Wort Missbrauch mit Vorsicht in den Mund, aber es sieht ganz so aus, als hätte er da nicht immer mit dem Einverständnis, der Gegenseite, das heißt ihrer Mutter, gehandelt. Das ist nicht leicht auszusprechen, aber vermutlich gab es eheliche Formen von Vergewaltigung. Das hat sie so angedeutet und von einem Gespräch mit ihrer Mutter erzählt.

Später, als diese Oma verstorben war, haben wir uns um Mamas Vater und die behinderte Schwester gekümmert. Beziehungsweise muss ich sagen, meine Frau hat sich gekümmert. Das war eine schwierige Zeit. Der Großvater hat da noch immer meine Frau angesehen oder Bemerkungen gemacht, vollkommen daneben.

Meine Mutter war sehr musikalisch und kreativ. Sie hat, als wir noch Kinder waren, sehr viel mit uns gesungen. Das war wunderbar. Sie hat mit meinem Vater auch gerne getanzt, er war ein begnadeter Tänzer. Übers Tanzen haben sie sich kennengelernt. Sie wollte ihn erst gar nicht, er hat sie damit erobert. Ja, und dann später war er ihr Ein und Alles. Aber es muss dann irgendwann einen Kipppunkt gegeben haben, er war ja immer irgendwo unterwegs. Sie fühlte sich später wohl einsam, hatte dann auch keine wirklichen Freundschaften mehr. Vielleicht war ihr das alles zu peinlich. Der Kirchenchor war ihr so wichtig. Da hat sie die Wertschätzung bekommen, nach der sie sich immer gesehnt hat.

Wenn ich heute darüber nachdenke, muss ich sagen, in meiner Familie wurde immer geschwiegen und alles wurde verschwiegen. Erst jetzt kann ich sehen, auch weil die Mama kurz vor ihrem Tod noch das, was auf dem Hof ihrer Kindheit passiert ist, ausgesprochen hat. Im Leben meiner Mutter ist viel Schlimmes passiert. Denn da gab es ja wohl diese sexuelle Gewalt. Und wir vermuten, sie oder ihre Geschwister haben das auch erleben müssen. Und dann mein Vater, er hatte so einen unguten Umgang mit Frauen. Meine Mutter wusste, jeder wusste das von meinem Vater, aber keiner hat etwas gesagt. Ich habe ja auch über das andere Leben meines Vaters geschwiegen, habe nicht ausgesprochen, was ich unterwegs mit ihm gesehen habe. Es war wie ein gefühlter innerer Auftrag: Ich darf das nicht sagen. Und meine Mutter – sie hat auch nie etwas gesagt.

Mein Verhältnis zu ihr war ein sehr gutes. Sie hat mir manches anvertraut und ich habe ihr Dinge erzählt. Sie war eine sehr liebevolle Mutter, manchmal hatte sie auch eine gewisse Kühlheit. Als Kind war die Mama für mich eine starke Bezugsperson. Ich habe mich am wohlsten gefühlt, wenn ich bei ihr war. Sie hatte das große Haus mit Geschäftslokal, und wenn sie geputzt hat, bin ich gern dabei gewesen. Sie hat ja immer gesungen, sie hatte einen riesigen Schatz an Liedern.«

Bis hierher haben wir viel über Peter Bloch und seine Familie erfahren. Während ich ihm zuhöre, drängt sich mir eine Frage auf, und ich zitiere im Folgenden wortwörtlich unseren weiteren Dialog.

Haarmann: Herr Bloch, wenn wir jetzt mal die Beziehung zu Ihren Eltern anschauen und Sie sehen Ihren Vater, Ihre Mutter und sich selbst, wo sehen Sie sich dann? Wo steht der junge Peter?
Bloch: Ja bei der Mutter, ganz nahe bei der Mutter.
Haarmann: Und wissen Sie, warum Sie ganz nah bei der Mutter waren?
Bloch: Als ich das jetzt ausgesprochen habe, drängt sich mir sofort ein Gedanke auf: Ich musste sie beschützen. Das war jetzt sehr interessant, mir diese Frage zu stellen, wo ich mich sehe ...
Haarmann: Und in Ihrer Antwort steckt, Sie mussten eine Entscheidung treffen, nämlich die, zur Mutter zu gehen. Darin liegt die Unfreiheit des Kindes. Die Freiheit wäre gewesen, sowohl als auch. Da stehen Vater und Mutter und das Kind steht davor und kann immer wieder wählen. Sie haben aber instinktiv Ihre Mutter beschützt.
Bloch: Das war mir aber überhaupt nicht bewusst!
Haarmann: Das geschieht vollkommen unbewusst. Und Sie haben beide Eltern geliebt. Aber mit dieser Konstellation wird ein Junge, vor allem wenn er der Erstgeborene ist, sich innerlich an die Seite der Mutter stellen, um sie zu beschützen. Denn zum einen brachte Ihre Mutter aus ihrer Herkunft sehr Schwieriges mit und ihr Inneres war sicher fragil. Zum anderen war da dieses Damoklesschwert, Ihr unberechenbarer Vater, der hätte gehen können und der mit anderen Frauen beschäftigt war. Kinder spüren, wenn es der Mutter nicht gut geht, oder wenn etwas bedrohlich ist, Kinder »wissen« viel mehr, als Erwachsene gemeinhin glauben.
Bloch: Ja, man musste sich um sie kümmern, auch später. Wir, ganz besonders meine Frau, haben sie sehr umsorgt, bis zum Schluss. Aber ich sehe, die Verdrängung in meiner Familie war immens.
Haarmann: Jetzt, durch Ihre Tochter, wird das Schweigen gebrochen. Und wenn ich das sagen darf, es scheint mir wichtig für Sie, dass Sie realisieren, Sie haben eine Rolle übernommen. Sie waren

der liebe, der geheime Beschützer, der innerlich an Mutters Seite stand. Und Sie haben als Kind Ihren Vater bei Laune gehalten. Sie haben sich angepasst, haben ihm zugehört und waren lieb und freundlich, sicher auch, um ihn bei der Familie zu halten. Man kann als Kind gegen diesen Vater auch nicht an. Für den Peter, der ein Mann werden wollte, sehr problematisch. Was für ein Rollenbild haben Sie gesehen? Werden wie der Vater? Was hatten Sie dann für ein Männerbild?

Bloch: Das macht mich alles sehr nachdenklich. Der Vater und auch der Großvater waren keine Menschen, an denen ich mich hätte orientieren können.

Das ist irgendwie gut für mich zu hören. Denn natürlich hadere ich immer damit, etwas nicht zu können. Aber ich wollte weder wie der Vater noch der Großvater sein. Das kann ich alles hundertprozentig bestätigen. Die männliche Rolle war immer problematisch bei mir.

Haarmann: Und da kommt Ihre Tochter und will aber diesen starken Vater, verrückt, oder?

Bloch: Erstaunlich, ja, ich habe mich nie damit befasst, natürlich nicht. Das wird mir klar, das ist im Grunde eine Schutzfunktion gewesen.

Haarmann: Genau, wir reden jetzt so leicht darüber, aber das war für Sie als Kind hochproblematisch, Sie sind in einer Atmosphäre mit viel Vermeidung, viel Unsicherheit, viel Spannung groß geworden. Das ist für Kinder wirklich irritierend.

Bloch: Im Rückblick habe ich immer gedacht, ich bin in einer guten Familie aufgewachsen. Das stimmt auf eine Weise auch, weil meine Mutter so viel ausgeglichen hat, und das muss sie sehr viel Kraft gekostet haben.

Peter Bloch sagt zum Schluss unserer Gespräche:

»Ich bin meiner Tochter dankbar, dass sie diesen Schritt gewagt hat. Ich weiß, es war sehr schwer für sie, das alles anzusprechen. Eines möchte ich noch anfügen. Mir wird nämlich jetzt bewusst, was ich tue, wenn es um meine Beziehungen geht. Wenn ich da nicht weiterweiß, nicht weiß, wie ich eine Schwierigkeit lösen oder klären soll, dann werde ich sehr wortkarg und gehe einfach zu Ersatzhandlungen über. Im Moment ist es natürlich das Internet, es war auch schon eine Wetterstation, die ich hatte. Ich war Stunden damit beschäftigt, wie ich das vom Handy ablesen kann. Dann forsche und forsche ich, aber eigentlich sind das Ersatzhandlungen und Vermeidungen und ich investiere da sehr, sehr viel Zeit.«

Undercover leben

Diese Erzählung ist für Männer doch recht typisch. Das Thema heißt: »Der stille Rebell«, was ja fast ein Paradox ist. Peter Bloch schildert, dass er es vermeiden wollte, wie sein Vater zu sein. Er hat sich aber aus Angst vor den Konsequenzen nie mit ihm konfrontiert, hat nie offen opponiert, hat sich nicht abgegrenzt. Zu der Besonderheit eines stillen Rebellen gehört, dass er seine Meinung, seine Gedanken nicht ausdrückt, sondern nett ist und schweigt und ganz still und leise rebelliert. Darunter liegt oft eine nicht ausgedrückte Wut. Er entzieht sich den väterlichen Aufträgen subtil und subversiv. Auf fast lässige Weise erfüllt Peter Bloch den Wunsch seines Vaters einfach nicht, bringt ihm nicht das ersehnte Diplom. Das ist ein aus Sicht des Kindes, des Jugendlichen adäquates Verhaltensmuster, denn bei einer instabilen, wackeligen Konstellation wie dieser Herkunftsfamilie wird das Kind versuchen, keinen weiteren Zündstoff zu schaffen. Er wird den Vater nicht konfrontieren und nicht provozieren, auch, um die fragile Mutter zu schützen. Und er realisiert heute, es gab nicht nur den väterlichen Auftrag – sondern auch den der Mutter, nämlich ihr zur Seite zu stehen. Das ist das, was wir unter einer Parentifizierung verstehen. Wenn Kinder die Eltern schützen müssen, dann ist das eine verkehrte Welt, die Umkehrung der fundamentalen Bedürfnisse des Kindes. Das Kind »bemuttert« die Mutter oder den Vater. Das ist eine tiefgreifende Überforderung, die das Kind nur aus der Angst heraus meistert. Es versucht, einen Elternteil vor dem »Schlimmen«, was geschehen könnte, zu retten. Es steht ihm nicht nur zur Seite, sondern macht sich größer, als es ist. Damit kann ein lebenslanges Muster entstehen – andere retten zu wollen, aber sich selbst vergessen.

Peter Bloch weiß, wie hoch der Preis dafür war. Er hat gelernt, sich selbst, seine Bedürfnisse, seine Gefühle zurückzunehmen. Hat als Jugendlicher vermeiden müssen, eine Position zu beziehen, männlich und stark aufzutreten. Im Vordergrund stand und steht der Freundlich-Nette. Das ist ein Beispiel, das zu den geheimen Aufträgen gehört, die Kinder zu sich nehmen und die uns so prägen. Als Kind tun wir alles, damit die Familie stabil bleibt, denn ohne sie ist da die Angst, jeglichen Halt zu verlieren. Wir alle haben solche Aufträge, bis wir sie erkennen und uns daraus lösen. Zu diesem Thema der inneren Aufträge empfehle ich das Buch *Nicht ohne meine Eltern* von Sandra Konrad.[20]

Das sind die Verhaltensweisen, mit denen unsere Kinder dann später konfrontiert sind. Auch in diesem Fall sehen wir, dass die nächste Generation, Lena, exakt das ausdrückt, was Herr Bloch zu seinem Vater hätte sagen müssen, aber aus Angst nicht konnte: »Ich hätte dich als stabilen, orientierungsgebenden Vater gebraucht, der mich sieht.«

---

20 Konrad, Sandra: *Nicht ohne meine Eltern. Wie gesunde Ablehnung all unsere Beziehungen verbessert – auch die zu unseren Eltern*, Piper, 2023.

Väter, die sich zurückziehen, und Jungs, die keinen Schmerz kennen

Einen Satz möchte ich noch hervorheben, denn genau der gleiche Wortlaut begegnet mir vor allem bei kontaktabbrechenden erwachsenen Söhnen immer wieder. Sie sagen: »Ich habe mit meinem Vater nie über Persönliches geredet. Bei uns wurde geschwiegen. Ich weiß gar nicht, wer mein Vater ist.« Das ist für Männer eine gewichtige Problematik. Peter Bloch bin ich wirklich dankbar, dass er uns so einen Einblick in sein Leben und vor allem in sein erlerntes Schweigen gibt. Gleich zu Beginn dieses Buches beschreibe ich, dass sich bei weitem mehr Frauen als Männer bei mir melden, und oft geht es bei den Vätern um dieses Nicht-reden-Können, um ihre Wortkargheit. Sie wissen nicht wie, ziehen sich in sich zurück und signalisieren den Wunsch, in Ruhe gelassen zu werden. Nur, Väter, die sich zurückziehen, entziehen sich, sie fehlen.

Wie oft höre ich von Frauen: »Mein Mann hat gelernt, alles mit sich auszumachen, er braucht keine Hilfe. Er fragt auch niemanden, wenn er etwas nicht weiß.« Ich höre, genau wie Herr Bloch es beschreibt, dass sie lieber handwerken, bauen, technische Probleme lösen, lesen, politisieren usw., als sich den realen Beziehungsproblemen zu stellen. Und sie haben aus ihrem Leben heraus gute Gründe dafür. Viele Väter und Großväter waren und sind im Beschweigen ihrer Schicksalsschläge, ihrer Traumatisierungen und durch die Kriegserlebnisse gefangen. Die Vergangenheit ist noch längst nicht vergangen.

Die Vater-Tochter-Beziehung in Peter Blochs Fall zeigt auch, es geht nicht um familiäre Schreckensszenarien. Die Tochter, Jahrgang 1994, ist nicht, wie ich von ihr persönlich weiß, mit beängstigenden Erziehungsmaßnahmen aufgewachsen. Es geht, wie so oft, um das

Unausgesprochene, das Schweigen und Negieren von Beziehungsthematiken. Es geht um die Qualität der Verbindung. In der Herkunftsfamilie von Peter Bloch existiert viel Ungutes und Problematisches. Die Mutter/Oma trug zum einen ein Trauma aus der Kindheit in sich, und niemand benannte, dass ihre Würde durch ihren Mann verletzt wurde, der, wie auch alle Nachbarn wussten, ständig mit anderen Frauen »schäkerte«. Es wurde nicht über die Ängste gesprochen, wie sich dieser Mann und Vater im nächsten Moment verhalten könnte. All das löst sich nicht in Luft auf, sondern wirkt weiter.

Die verschlossenen oder verstummten Söhne/Väter wissen nicht, wie mit dem inneren Kummer umzugehen ist, ihre Gefühle bleiben versteckt, und dieses erlernte Schweigen wird weitergegeben. Sie glauben, so wie sie es als Kind erlebt und bei den Vätern gesehen haben: Ich muss da allein durch, ich muss stark sein und schaffe es auch, ich brauche niemanden. Denn da ist niemand, der mir hilft, niemand, der mir zuhört und der mit mir spricht – Jungs kennen keinen Schmerz.

Gemeinsamer Nenner – das Schweigen

Allen Familien, in denen es um die Abbrüche geht, ist eines gemeinsam: Es wird über vieles gesprochen, aber nicht über die Familienrealität. Die echten Gefühle werden vermieden. Bei der Mehrheit der Familien, die sich an mich wenden, gibt es einen gemeinsamen Nenner: das Schweigen. Und es betrifft Väter und Mütter gleichermaßen. Im Hintergrund stehen oftmals nicht verarbeitete Verluste. Neben den benannten Traumata geht es auch um Themen wie den Selbstmord eines nahen Angehörigen oder um den Tod eines Kindes, eines Bruders, einer Schwester. Da ist das Mädchen, das nur schnell Milch holen sollte und von einem Auto erfasst wurde. Die Schuldgefühle machen die Familie sprachlos: »Warum war man nicht selbst gegangen ...« Manchmal geht es um ein Verbrechen, das die Familie betrifft, aber eben auch um weit zurückliegende Traumatisierungen, so wie wir es bei Frau F. in Kapitel 5 gesehen haben, da war es »das Schlimme«, was der Mutter/Großmutter von den Russen zugefügt wurde. Worte wie Gewalt oder Vergewaltigung werden vermieden und einfach nicht benannt. Alles gravierende Schicksalsschläge, die leider nie verarbeitet, sondern weggedrückt wurden.

In meinem Buch *Mütter sind eben Mütter* (Seite 165) spreche ich mit Heike Gattnar, die zu dem Thema transgenerationale Traumatisierung arbeitet. Sie sagt:

> *»Ich denke, die Trauer ist ein sehr wichtiger Schlüssel. Trauer ist notwendig, um einen Prozess zu Ende zu bringen, der mit dem Verlust verbunden ist ... Ist die Verarbeitung nicht gelungen, wie kann es da zu einer Akzeptanz des Verlustes kommen? Trauer heißt für mich, emotional dazu zu stehen: Da war etwas Schlimmes! Ganz viele Menschen haben überhaupt nicht wirklich realisieren können, dass da etwas Schlimmes gewesen ist. Sie sind noch wie im Schock. Sie sehen überhaupt nicht, dass sie traumatisiert sind, sie grenzen es aus.«*

Akzeptanz würde bedeuten, das Schreckliche ist geschehen, und da ist ein furchtbarer Schmerz, über den ich reden und weinen kann. Ausgrenzen bedeutet, man kann es nicht fühlen und nicht mit dem adäquaten Gefühl darüber reden. Der Schmerz steckt wie fest, nicht selten schwingen Schuldgefühle mit, »hätte ich nur...«. Das ist sehr kraftraubend. In der Folge bewegen sich Betroffene zwischen einer Überaktivität, immer etwas tun zu müssen, um es nicht zu spüren, oder einer Lähmung, einer Schwäche, einer Kraftlosigkeit. Aus dieser Schwäche heraus können Tränen fließen, aber sie verarbeiten nicht das Trauma, das wird weiter vermieden.

Bedrückende Sprachlosigkeit

Maja Haderlap schreibt in ihrem Roman *Nachtfrauen*:

> *»In ihrer Familie war man mit dem Äußern von Gefühlen nie zurechtgekommen, denn es lag, seit Mira denken konnte, eine Art Schweigegebot über allem, was man gerne, von sich aus unbeschwert oder geradeheraus, von Herzen sagen wollte […] als könnte man mit Zärtlichkeitsbekundungen alle in Gefahr bringen. […] Gelang es einem doch, im richtigen Moment etwas zu sagen oder gar seine Zuneigung auszudrücken, war man stets peinlich berührt. Erst später, im Nachsinnen, ließ man die herzwarmen Worte an sich heran und kostete etwas von der vermeintlich unverdienten Süße, die sich darin verbarg, um sie gleich wieder abzuwehren. Nichts Schlimmeres, als zu verweichlichen.«*[21]

Grundsätzlich kann man sagen, eine familiäre Sprachlosigkeit ist zäh, es braucht viel Mut, um da herauszukommen, denn schon der Gedanke, das auszusprechen, was die eigene Wahrheit ist, mündet in einer Flut von Fantasien, genau so wie Maja Haderlap es atmosphärisch so präzise beschreibt: Was passiert, wenn ich das sage? Werde ich meine Gefühle überhaupt aushalten oder weinen? Wird mein Gegenüber das aushalten? Werde ich verstanden mit dem, was mich bewegt? Was, wenn ich zurückgewiesen oder gar verlassen werde? Als könne die eigene Offenheit eine Welle an schrecklichen Konsequenzen auslösen. Wie oft habe ich von Müttern gehört: »Ich würde so gerne mit meiner Tochter / meinem Sohn reden, aber ich habe Angst. Ich weiß nicht, was ich sagen soll. Was, wenn das, was ich noch nicht einmal vor mir selbst ausspreche, of-

21 Haderlap, Maja: Nachtfrauen, Suhrkamp, 2023, S. 34.

fenbar werden sollte! Was, wenn ich wieder das Falsche sage?« Ich entgegne dann meist: »Vielleicht fangen Sie an, genau das auszusprechen. Reden Sie über Ihre Angst, denn das ist die Wahrheit.« Meine Erfahrung als Therapeutin und als Mensch ist: Das Aussprechen der eigenen Wahrheit öffnet. Es ist das Mittel, um aus den lähmenden, stagnierenden Situationen herauszukommen. Es braucht eine Beherztheit, einen mutigen Schritt, aber es öffnet die beklemmende Atmosphäre.

An dieser Stelle sind wir wieder bei dem zentralen Unterschied zwischen den Generationen. Die Jungen reden, sie konfrontieren ihre Eltern und sprechen über ihre Gefühle. Sie haben es gelernt, wie schon in Kapitel 2 ausgeführt, oder sie sind dabei, es zu lernen. Zu reden ist für die Alten und Älteren alles andere als selbstverständlich. Ich wünschte, die Kontaktabbrechenden könnten verstehen, woher ihre Eltern kommen, denn wenn man lernen musste, nicht zu fühlen, wie sollte man darüber reden? Was sollst du ausdrücken, wenn du gelernt hast, deine inneren Empfindungen wegzuschieben? Wenn du nicht zeigen durftest, wie unsicher, irritierend oder beängstigend die Familiensituation für dich war? Wenn du deine Wut über elterliche Verhaltensweisen nicht ausdrücken durftest, wenn du lernen musstest, deinen Schmerz, deinen Kummer, deine Traurigkeit unsichtbar werden zu lassen? Gefühle verstummen, wenn man, wie wir gesehen haben, durch den Krieg, die Jahrzehnte danach und all die anderen Nöte traumatisiert ist; wenn eine autoritäre, kalte Erziehung dich niedergemacht hat. Wenn dein Umfeld gefühlstaub war, wenn deine Empfindungen abgeurteilt wurden, mit Sätzen wie: »Jetzt heul nicht auch noch!« Oder wenn du gespürt hast, deine Themen, deine Not könnten Mutter oder Vater noch mehr belasten, als sie es ohnehin schon waren.

Alles normal!

Werden Gefühle vermieden, dann erscheint das Zusammenleben, so wie es ist, als normal. Wie Peter Bloch meinen viele: »Ich habe immer gedacht, ich bin in einer guten Familie aufgewachsen.« Einfach weil die Atmosphäre, die Umgangsweisen, die erzieherischen Maßnahmen, das schwierige Miteinander die Normalität waren.

Hier einige Beispiele dieser sogenannten Normalität: Es war »normal«, dass Mütter sich gottergeben und lieb verhielten, während die Väter tobten. Wenn ein Elternteil viel zu viel trank. Wenn der Vater einfach die Familie verließ und niemand mit den Kindern offen darüber sprach, war das »normal«. Gewalt, unkontrollierte Ausbrüche in der Familie waren »normal«. Die Unterwürfigkeit der Frauen, die Niedergedrücktheit der Mutter, ihr tagelanges Schweigen, ihre Depression, »normal«. Es war »normal«, wenn sexualisierte Umgangsweisen zum Alltag gehörten oder wenn Vater oder Mutter fremdgingen, wenn es unklare Abstammungen eines Kindes gab. All das und noch vieles mehr wurde beschwiegen. Und weil diese Erfahrungen als »normal« abgespeichert wurden, stellte man sie nicht in Frage.

Man rührte und rührt nicht daran, einfach weil die Angst vor den Folgen einer offenen Aussprache, einer klaren Stellungnahme zu groß waren und sind. Meist sind diese Themen auch mit Scham besetzt. So wird die Realität verschleiert und gehört zum Familienleben. Es gab und gibt weit mehr Problematiken in Familien, als man gemeinhin denkt. Allerorts stehen »Elefanten im Raum«. Themen, die zwar spürbar sind, aber aus der Furcht, dass alles auseinanderbricht, beschwiegen werden. Destruktive Verhaltensweisen werden hingenommen und unter den Teppich gekehrt. Die dunklen Seiten der menschlichen Existenz gibt es zwar, aber wir vermeiden es, dort hinzuschauen. Sie werden zum »blinden Fleck«, und das ist ein überaus menschlicher Vorgang.

Stress in der Luft

Wenn ich die blinden Flecken als menschlich bezeichne, dann meine ich, wir haben ein tiefes seelisches Interesse, die Familie und uns selbst zu schützen. Peter Blochs Mutter hat bis kurz vor ihrem Tod nie gesprochen, ihr Vater wurde nicht konfrontiert, das Verhalten ihres Ehemannes wurde durch Schweigen toleriert. Genau das ist so repräsentativ für Familien, von denen ich höre. Nur all diese genannten Geheimhaltungen und Geheimnisse sind durch das Beschweigen nicht verschwunden. Sie erzeugen Spannungen. Spannungen, die keinem guttun, weder den Eltern noch den Kindern. Die unterdrückte Störung erzeugt einen Stress, der Folgen hat. Man muss ständig aufpassen, um nicht über die Erhöhung im Teppich zu stolpern, unter den man das Problem gekehrt hat.

Das Schweigen, all die genannten stressigen Verhaltensweisen, die unguten Erziehungsmaßnahmen schaffen ein schädliches Klima. Meine Kollegin Martina Schenek hat mir ein gutes Bild gegeben, das verdeutlicht, wie so eine Atmosphäre wirkt. Erinnern wir uns an die 1950er-, 1960er-Jahre, damals sind viele Kinder in Haushalten groß geworden, in denen massiv geraucht wurde. Der Zigarettenqualm war überall. Dann wurde bewiesen, die Kinder »rauchen mit«. Sie waren Passivraucher und konnten sich dem Dunst nicht entziehen, mit nachhaltigen Folgen für ihre Gesundheit. Dauerstress in Familien hat eine ähnliche Wirkung, man kann sich nicht entziehen, er breitet sich überall aus und das hat Folgen für das vegetative Nervensystem und Stress drückt nachhaltig auf die Seele. Und genau dieser Stress ist es, den die Eltern damals hinnehmen mussten, es ist aber auch der Stress, dem sich mehr und mehr erwachsene Kinder entziehen.

Schweigen lähmt, wer aber die Hintergründe, die Wirklichkeiten der Vergangenheit versteht, ist nicht mehr ausgeliefert. Das

»ganze Bild« wird sichtbar, es ist nicht mehr schwarz-weiß, sondern die Farben des Lebens werden sichtbar. Die Sprachlosigkeit und ihre Folgen sind für mich ein Schlüssel für die betroffenen Familien, deshalb habe ich mit einer Expertin, Heleen Grooten, über die Ursachen und Hintergründe gesprochen. Das Interview findet sich im nächsten Kapitel.

Kapitel 7:
Was uns trennt und was uns zusammenbringt – Kommunikation in einem anderen Licht gesehen

Eines meiner Hauptanliegen mit diesem Buch ist, dass die von dem Kontaktabbruch ihrer erwachsenen Kinder betroffenen Eltern aus dem Schweigen und den Schuldgefühlen herauskommen. Dass die selbstkritischen und zerfleischenden Fragen, wie: »Was habe ich bloß falsch gemacht?« ein Ende finden. Freunde und Bekannte geben Ratschläge wie: »Dann sag doch einfach, was du denkst« oder »Es gibt doch keinen Grund, Angst zu haben«. Das ist gut gemeint, aber so funktioniert das nicht. Denn Menschen sprechen Dinge nicht aus, weil sie das gelernt haben und weil sie sich vor weiteren Problemen und möglichen Angriffen schützen wollen, beziehungsweise glauben, schützen zu können. Denn das Bedürfnis nach Schutz und Sicherheit ist elementar.

Ein Wort reicht …

Die familiäre Kommunikation kennt neben dem Schweigen auch das kaum aufzuhaltende Ping-Pong – ein Wort, ein Blick, ein Seufzen oder Stöhnen, eine Geste, eine verbale oder nonverbale Botschaft reichen und die Reaktion folgt sofort. Hin und her, das kann bis zu einem heftigen Schlagabtausch führen. Es wird gekämpft,

Türen knallen, eine oder einer zieht sich zurück oder fühlt sich ohnmächtig und wie erstarrt. Die Muster laufen, bis man sie versteht und lernt, sie zu unterbrechen. Dazu eine Szene zwischen Mutter und Tochter, die es schwer miteinander haben, mal sehen sie sich, dann gibt es wieder lange Pausen. Die Mutter, die ihr Leben sehr reflektiert, berichtet mir von einer dieser Begegnungen:

»Wir waren beide wieder so distanziert, wieder stand diese Mauer zwischen uns. Ich merke dann, wie ärgerlich meine Stimme klingt, und mein Gesicht wird ganz hart. Ein Wort gibt dann das andere und die Distanz, die Anspannung wird größer und größer. Aber diesmal habe ich das angesprochen und das war gut. Ich konnte sagen: ›So will ich gar nicht sein.‹ Ich beginne, mich verletzlich zu zeigen und spreche aus, was in mir ist. Das tut uns beiden gut. Später konnte meine Tochter dann sagen: ›Ich hatte wieder Angst vor deinem Übereifer und dann mache ich zu, tut mir leid.‹«

Diese kleine Szene drückt auf den Punkt genau aus, worum es in diesem Kapitel gehen wird: Was trennt uns und was bringt uns zusammen?

Was stresst und was beruhigt

Warum sind wir innerlich so oft in Aufruhr? Warum werden wir schnell wütend oder machen uns klein, fühlen uns elend und ziehen uns zurück, ohne dass wir es stoppen können? Unser Herz, unser Bedürfnis wünschen sich Zugewandtheit und Miteinander, aber warum ist es so schwer, das zu leben? Seit Jahren begegnet mir die sogenannte Polyvagal-Theorie, die sich mit dieser Frage beschäftigt. Sie erklärt unter anderem, welche Ursache und Bedeutung diese ja eigentlich destruktiven Reaktionen haben. Wir meinen zwar, dass wir mit unserem Verstand unser Leben beherrschen können, aber das ist nicht die ganze Wahrheit. Die neurobiologische Forschung lässt uns mehr und mehr verstehen, dass es körperliche Automatismen, also autonome Prozesse gibt, die unserem Schutz dienen, die sich aber vom Verstand kaum steuern lassen. Stephen Porges, Psychiater und Neurowissenschaftler in den USA, ist der Begründer der Polyvagal-Theorie. Er hat untersucht, was uns in Beziehungen stresst und was uns beruhigt, wie eine stimmige Kommunikation aussieht und was geschieht, wenn es zu Unstimmigkeiten kommt. Es ist heute in der Neurobiologie keine Frage mehr, dass das, was körperlich in uns geschieht, und das, was wir empfinden, untrennbar zusammengehört. Nehmen wir nur eine große Aufgeregtheit: Sie verwandelt die innere Stimmungslage ad hoc in ein Chaos. Der Zustand unseres Nervensystems und unsere Befindlichkeit sind nicht zu trennen. Porges beschreibt, was geschieht, wenn wir uns wohl fühlen, wenn wir beruhigt und entspannt sind und wann wir diesen Wohlfühlzustand automatisch verlassen. Dabei geht es im Kern um das Erleben von Sicherheit. Er sagt: »Wie wir uns fühlen – gut oder schlecht, sicher oder unsicher – hängt von der Interaktion mit den uns umgebenden Menschen ab. Die Regulation unseres Körpers ist eingebettet in unsere Beziehungen.«[22]

Voraussetzung dieser Forschung ist der unbedingte Wille jedes Lebewesens, fortzubestehen, zu leben. Das ist unser Überlebensinstinkt. Wie bei allen Säugetieren ist dieser Instinkt auch bei uns Menschen vorhanden. Das bedeutet, die biologische Priorität heißt, unser Leben zu schützen. Das ist keine Option, das können

---

22 Porges, Stephen: Das gestresste Nervenkostüm, Vortrag im August 2012 in Weggis, Schweiz, DVD Auditorium Netzwerk.

wir uns nicht aussuchen. So funktioniert unser Gehirn (in diesem Fall das Stammhirn) und unser Körper. Das ist unsere Biologie, und so ist der Körper fortlaufend damit beschäftigt, unser Umfeld auf Gefahren zu überprüfen. Alle Sinnesorgane sind beteiligt, sie versorgen das Gehirn mit Informationen. Wir sind auch in der Lage, Atmosphären und Stimmungen zu spüren. Wir nehmen körperlich wahr, wenn es Spannungen gibt oder sich eine Unruhe ausbreitet. Diese Überprüfung der Lage geschieht ständig, in jedem Moment. Stephen Porges nennt es Neurozeption. Gemeint ist die Fähigkeit, zwischen sicheren und gefährlichen Situationen zu unterscheiden, um darauf reagieren zu können. Dieser unbewusste Vorgang ist ein inneres, gut funktionierendes Sicherheitssystem.

Diese Sicherheitsüberprüfung findet somit auch im Familienkreis statt. Auch da untersucht der Körper fortwährend, ob die Atmosphäre sicher ist oder sich hier etwas ungut oder sogar gefährlich anfühlt. Gefährlich meint, dass das Stammhirn, das autonome Nervensystem, ohne ein bewusstes Zutun sagt: Achtung, alles bereitstellen, um eine Gefahr abzuwehren. Und unser Körper mobilisiert sich für eine Abwehrreaktion, entweder durch einen Kampf- oder einen Fluchtimpuls, *Fight* beziehungsweise *Flight* genannt. Dabei interpretieren wir aufgrund unserer Erfahrungen, vor allem unserer frühen Erfahrungen, was wir als beruhigend oder als bedrohlich empfinden. Wie sehr dieser Sachverhalt unseren Alltag und unser Familienleben betrifft, das möchte ich mit dem folgenden Interview aufzeigen.

Meine Interviewpartnerin ist die Niederländerin Heleen Grooten. Als Kommunikations-, Stimm- und Atemtherapeutin ist sie damit beschäftigt, was die Stimme beeinflusst. Als Traumatherapeutin forscht sie zusammen mit Kliniken in den Niederlanden im Bereich der »unerklärbaren Symptome« (*unexplained symptoms*). Sie ist eng mit dem Polyvagal-Institut von Stephen Porges verbunden.

Haarmann: Heleen, welche Menschen kommen zu dir?
Grooten: Meist sind die Patienten älter als 25 und sie haben schon sehr lange Probleme mit nicht erklärbaren Erkrankungen. Bei vielen stehen Traumata im Hintergrund. Sie kommen zu mir, wenn die Ärzte keine Diagnose stellen können, denn all ihre Körperfunktionen sind ohne Befund. Aber das Problem, das ungute Gefühl bleibt. Folgende Beschwerden sehe ich: Das fängt an mit dem Kehlkopf. Sie haben das Gefühl, dass es etwas im Kehlkopf gibt, dass er zu eng ist, oder das Gefühl, als stecke eine Gräte im Hals. Oder beim Schlucken meinen sie, es geht nicht weiter nach unten. Wir wissen, das hat viel mit Stress zu tun. Und wir verstehen heute diese Beschwerden vor dem Hintergrund von Muskelverspannung.
Haarmann: Es ist faktisch nichts Organisches da, aber diese Menschen erleben subjektiv eine Störung?
Grooten: Ja. Das kann sich auch in der Stimme ausdrücken. Ich höre Menschen zum Beispiel zu hoch reden, wenn man viel Spannung im Kehlkopf hat. Dann wird die Stimme höher oder lauter. Der Hintergrund ist immer zu viel Spannung im Bereich des Kiefers, des Kehlkopfs und der oberen Luftwege.
Haarmann: Was weiß man denn heute über diese Verspannungen, im Gegensatz zu vor nicht allzu langer Zeit?
Grooten: Ich habe über 35 Jahre untersucht, was geschieht da? Und ich sehe, dass all diese Menschen eine Geschichte haben – ein Problem in der Familie, Arbeitsprobleme, Eheprobleme usw. Im Kehlkopf gibt es zwei Bewegungen. Man kann etwas runterschlucken und auch etwas herausbefördern, also rausbringen. Ich hatte schon lange den Eindruck, dass diese Symptome etwas zu

tun haben mit: »Darf ich was sagen? Darf ich sagen, was ich will? Kann ich mich frei äußern? Kann ich es wirklich nach außen geben, oder muss ich schlucken, was ich nicht schlucken will oder kann?« Oft habe ich Patienten intensiv logopädisch behandelt, und das ging vielleicht einige Wochen gut und danach kam das Problem wieder zurück. Die Betroffenen machen nichts falsch, sondern meine Erfahrung ist – es gibt einen tieferen Grund dahinter. Und dann habe ich vor 15 Jahren einen Psychiater gefragt, denn mein Eindruck war, dass viele Leute mit Kehlkopfbeschwerden auch Darmbeschwerden hatten. Ich hatte keine Ahnung, wie das zusammenhängen könnte. Mein Gesprächspartner arbeitet über diese unerklärbaren Symptome an einer Universitätsklinik in den Niederlanden. Er bestätigte, dass ungefähr 70 Prozent aller Menschen mit Stimmproblemen auch Darmbeschwerden haben. Was also war der Zusammenhang? Danach kam ich in Kontakt mit der Polyvagal-Theorie und begann zu verstehen, dass da, wo der *Nervus Vagus* beteiligt ist, etwas in Dysbalance geraten kann, weil etwas passiert ist, was für diesen Menschen zu viel war. Man muss wissen, der zehnte Hirnnerv, der Nervus Vagus, enerviert sowohl den Kopfbereich als auch das Herz und die inneren Organe.

Haarmann: Du sprichst auch von einem Begriff namens *Conflict over Speaking out* (COSO), also dem Konflikt, Dinge auszusprechen?

Grooten: Es gibt eine Veröffentlichung aus dem Jahr 1988, da suchen zwei Ärzte nach dem Hintergrund von Beschwerden, die wir nicht verstehen. Dazu gehören Fibromyalgie oder auch Darmbeschwerden. Das zu lesen, hat mir eine Tür geöffnet. Sie beschreiben Fälle, in denen Menschen nicht aussprechen konnten, was mit ihnen passiert ist. Familienthemen, über die man nicht reden kann, weil sie ein Tabu sind. Es gibt die Angst, wenn ich das ausspreche, dann ist die Hölle los. Es sieht so aus, als seien das Menschen, die nicht sagen können oder dürfen, was in ihnen ist, was sie bewegt – und das ist in der Regel ein altes Muster.

Haarmann: Sie versuchen also, das, was sie beschäftigt und bedrückt, runterzuschlucken.

Grooten: Du bleibst still, weil du dir vorstellst, was passiert, wenn du es aussprichst. Stattdessen drückst du es weg. »Das darf man nicht sagen, denn sonst gibt es Probleme, und wahrscheinlich bin ich dann auch noch die Ursache dieser Probleme.«

Ich habe den Eindruck, dass es viel mehr Krankheiten gibt, die im Zusammenhang mit dem Nicht-Ausdrücken von Gefühlen stehen. Der Körper reagiert dann letztendlich mit Beschwerden. Bei dauerhaften Verspannungen sagt der Körper irgendwann: Halt, das ist mir zu viel.

Haarmann: Was gehört zum Beispiel zu dem Unaussprechbaren?

Grooten: Erstmal geht es um Gefühle: Wut aussprechen. Stell dir vor, du solltest zeigen, dass du eigentlich sehr böse und zornig bist auf etwas oder jemanden. Oder in einer Ehe, in der es viel Stress gibt, reden sie nicht miteinander. Du hast als Kind gelernt, nichts sagen zu dürfen, und lebst das Muster weiter. Man hat gelernt, den Mund zu halten. »Meine Meinung ist nicht wichtig, ich muss mich anpassen« oder, noch schlimmer, »Ich werde am Ende nicht mehr geliebt«. Auch in der Schule war es nicht üblich, eine eigene Meinung zu haben. Und all das wird dann ein neurologisches Muster. Es ist wie Fahrradfahren, das Bewegungsmuster hat sich eingeprägt im Gehirn, die Neuronen sind in Verbindung und entsprechend vernetzt. Automatismen spulen sich ab, bis wir sie erkennen und dann verändern können.

Haarmann: Was sind das für Themen, die zur Sprache kommen könnten und nicht dürfen?

Grooten: Sicher vieles, was die Sexualität betrifft. Der Bereich von Missbrauch in der Familie oder durch einen Priester. Aber natürlich auch in der Ehe, wenn der Mann mehr Sexualität will, als die Frau es möchte. Vieles rund um Sexualität gehört zu den Geheimnissen. Alles, was zu sehr schmerzt, was Scham auslöst, gehört dazu. Über erschreckende Lebensereignisse und Traumata wird nicht gesprochen. Und dann das Thema, wie kann ich meine Grenzen setzen. Darf ich ja oder nein sagen. Es hat auch viel damit zu tun, ob man eine eigene Meinung haben und äußern darf. Das kann auch politisch sein. In Familien werden Dinge autoritär postuliert, und da gibt es keine Widerrede. Und wenn ich was sagen würde, dann wird das Verbot verstärkt, dann werde ich bestraft. Ich sehe jetzt häufiger, was es für Aggressionen in Arbeitszusammenhängen gibt; dass man einen Chef hat, der aggressiv ist und schreit, und man hat das Gefühl, ich kann dem nichts entgegensetzen. Ich könnte sonst entlassen werden, wenn ich etwas sagen sollte.

Haarmann: Verstehe ich das richtig: Es hat weitreichende Auswirkungen, wenn man das adäquate Gefühl nicht ausdrücken kann, also zum Beispiel nicht weinen, nicht seine Wut ausdrücken kann ...

Grooten: ... wenn man Gefühle wegdrückt, dann macht man das meist mit Muskelanspannung. Und wenn man dreißig, vierzig Jahre lang Vieles weggedrückt hat, dann ist das das normale Leben. Man erlebt den Zustand gar nicht mehr als Muskelverspannung. Und viele Menschen sind deshalb oft sehr müde. Dazu kommt: Sie spüren ihren Körper nicht so gut. Sie haben kaum Zugang zu den Körpergefühlen. Und wenn es gelingt, mit einem Körpergefühl in Kontakt zu kommen, dann können Erinnerungen hochkommen.

Ein Beispiel: Da ist eine Frau, die bei mir immer wieder ein Kissen vor ihren Bauch hält. Sie hat keine Ahnung warum. Ich habe ihr gesagt, das ist okay, denn das macht wohl einen Sinn für dich. Und wir haben damit gearbeitet. Und dann kam ein Bild hoch – sie sah sich zum ersten Mal als Kind am Tisch sitzen und ihr Vater schreit. Er schrie nicht ein bisschen, sondern ganz furchtbar.

Haarmann: Das Kissen ist dann ein Schutz vor der Wucht des Vaters.

Grooten: Ist doch sehr klug, dass sie das gefunden hat. Und sie sagte: »Zum ersten Mal in meinem Leben konnte ich mich etwas entspannen in meinen Bauch. Ich brauche das Kissen noch, aber ich verstehe jetzt warum.«

Haarmann: Die älteren Generationen, über die ich berichte, hätten oftmals einen Grund gehabt, den Kontakt zu ihren Eltern abzubrechen. Diese Generationen haben teilweise Unerträgliches an Bestrafungen, an Beschämung, an Entwürdigung, an Bindungstraumatisierungen erlebt. Aber sie sind nie aus dem Kontakt zu ihren Eltern gegangen und dann höre ich eine Frau sagen: »Ich habe den Kontakt nicht abgebrochen oder auch nur ein Problem angesprochen, denn ich hätte das nicht ausdrücken können, ich hatte gar keine Worte dafür.«

Grooten: Stell dir vor, sie hätte das ausgesprochen. Stell dir vor, was da passiert wäre. Und weißt du, unser Körper ist so ehrlich. Es war klar, was passieren würde, sie würde auf irgendeine Weise bestraft werden, wenn sie das ansprechen würde. Das Nicht-Aussprechen, das Vermeiden ist ein frühes erlerntes Überlebensmuster. Dann weiß zum Beispiel der Kehlkopf, das ist gefährlich, das machen wir nicht. Es gibt einen Imprint, eine Prägung im Gehirn, wenn man in die Gegend von etwas kommt, das gefährlich ist, dann ist sofort klar: Ich darf das nicht und das hat sich in mein Gehirn eingeprägt. Die dafür zuständige Amygdala reagiert wie ein Rauchmelder und signalisiert Gefahr.

Haarmann: Man hätte dem Vater, der Mutter eigentlich sagen müssen: »Das ist mir zu viel, ich lasse mich nicht mehr so behandeln!« Aber mein Gehirn, meine Erfahrung und meine Neuronen melden: Das ist bedrohlich.

Grooten: Ja, und das wird dann ein lebenslanges Muster. Das funktioniert auch zum Beispiel gegenüber dem Chef oder bei Ärzten, allen, die die Rolle einer Autorität haben. Wir sprechen hier von einem erlernten Schweigen, man hat gelernt, sich zurückzunehmen.

Und das ist nicht einfach eine Frage des Verhaltens. Man spürt, dass sich der Bauch zuzieht oder dass man nicht mehr essen kann, wenn man beispielsweise denkt: »Mein Gott, ich muss morgen mit meinem Vater reden.« Das ist eine autonome Körperreaktion, wenn subjektiv Gefahr droht. Der Körper ist so ehrlich und er sagt Nein. Der Magen geht zu oder der Kehlkopf geht zu, oder man hat kaum Luft, das auszusprechen. Es verschlägt einem im wahrsten Sinne die Sprache.

Es geht dabei um einen Automatismus. Wir setzen das spontan und autonom um. Wenn ich ein Messer nehme, dann mache ich das, ich bin rechtshändig, mit rechts. Ich würde das nie mit der linken Hand greifen. Das geht automatisch auch in solch einer Situation. Was man braucht, ist eine andere Connection, eine andere Verbindung im Gehirn. Das ist der hoffnungsvolle Teil. Unsere Neuroplastizität, unser Gehirn kann immer wieder Neues lernen, auch neue Muster. Das setzt allerdings vollkommen sichere Umstände voraus. Es geht da, wo wir nicht abgewertet oder verurteilt werden, sondern einfach sagen können, was in uns ist. Nur da können wir Neues üben und uns authentisch ausdrücken.

Haarmann: Wieder geht es um Sicherheit. Die Polyvagal-Theorie wird ja auch als eine Wissenschaft der Sicherheit bezeichnet. Was ist darunter zu verstehen?

Grooten: Stephen Porges hat zum ersten Mal benannt, dass es um den zehnten Hirnnerv, den Nervus Vagus geht. Der hat zwei

Äste, die mit dem autonomen Nervensystem zu tun haben. Im Kern ist es so: Das autonome Nervensystem ist geteilt in den sympathischen, aktivierenden Teil und einen parasympathischen, beruhigenden Teil. Wenn man aktiviert ist, macht sich im Körper Stress breit, man ist aufgeregt oder sogar aggressiv oder in Angst. Das passiert zum Beispiel in einem Konflikt oder Streit. Nehmen wir das oben genannte Beispiel. Das Kind sitzt am Tisch, der Vater tobt und schreit, ein hoher Stress. Wie wird das Kind sich wieder beruhigen? Da gibt es zwei Möglichkeiten. Die erste: Das Kind zieht sich in sich zurück. Das passiert, wenn es eigentlich weglaufen will, aber nicht aus der Situation herauskann. Die Folge ist, man geht innerlich wie weg, ist wie gelähmt. Das ist oft verbunden mit dem *Brainfog*. Man kann keinen klaren Gedanken mehr fassen, findet kaum noch Worte. Und es wird eine Zeit brauchen, bis man sich wieder aus dieser hohen Aufgeregtheit beruhigt hat. Das ist der Beginn des Musters, von dem wir hier reden. Die zweite Möglichkeit: Man beruhigt sich im Kontakt mit anderen Menschen. Also nehmen wir an, die Mutter kommt, nimmt das Kind in den Arm, vermittelt, mit beruhigender Stimme, dass es wieder gut und alles sicher ist, dann wird sich das Kind sofort beruhigen.

Haarmann: Das heißt, ich kann entweder in einem entspannenden, vertrauensvollen Kontakt meine Aufgeregtheit, meinen Stress wieder herunterfahren. Die andere Lösung ist der Rückzug, was eine einsame Lösung ist.

Grooten: Ja. Wichtig ist, dass dieser Rückzug keine bewusste Wahl ist, sondern eine automatische Reaktion, und da sind wir wieder bei den erlernten Mustern. Waren die Erlebnisse früher heftig und ist man als Kind damit allein geblieben, wird man als Erwachsener auch schwerlich in der Lage sein, den Kontakt zu suchen. Sobald jemand lauter spricht, sobald jemand ein bisschen aggressiv scheint, dann wird man erstarren oder sich zurückziehen und weggehen. Das ist eine Fluchtreaktion. Und es geschieht ohne ein bewusstes Zutun, es ist eine Überlebens-Reaktion. Der ältere der zwei Äste des Nervus Vagus, der dorsale Vagus, lässt uns, wenn es uns zu viel ist, zurückziehen. Das heißt, man erträgt den Kontakt nicht, man fühlt sich verletzt und angegriffen.

Haarmann: Es gibt also ein chronisches Rückzugsmuster? »Ich ziehe mich zurück, wenn die Außenwelt für mich zu viel, zu konfliktreich ist.«

Grooten: Ja, genau. Das ist eine Form von Beruhigung, die sich erstmal gut und bekannt anfühlt. Aber wenn die bedrängende Situation vorbei ist, sollte man denken: »Okay, es gibt andere Leute, die freundlich und nicht gefährlich sind.«

Haarmann: Dann könnte ich wieder aus meiner Höhle rauskommen und den Sonnenschein sehen, denn in dem Zustand des Rückzugs ist man einsam.

Grooten: Ja, aber das Rückzugsmuster ist oft sehr eingeprägt. Man kann nicht so einfach wieder in einen Kontakt kommen und etwas tun, was sich gut anfühlen könnte. Das braucht dann Zeit.

Haarmann: Wir sprechen jetzt gerade von unserer Biologie, so funktionieren wir Menschen. So funktioniert unser Körper, wenn wir Situationen als ungut oder sogar als bedrohlich erleben. Es geht um *Flight* = Rückzug oder um *Fight* = Angriff, um Kampf.

Grooten: Genau. *Fight,* der Kampfimpuls, ist ein anderes Muster, bei dem der Sympathikus aktiviert ist. Diese Menschen sind schnell aggressiv und aufbrausend. Sie wehren andere sofort ab, schreien, sprechen schnell und laut oder reden so viel, dass sie kaum mitbekommen, dass der andere auch was sagt. Das ist eine andere Form von Verteidigung, so könnte man sagen.

Haarmann: Das bedeutet, dass wenn man seine Kindheit, seine Jugend eher als bedrohlich, als spannungsgeladen erlebt hat, gibt es grundsätzlich zwei Möglichkeiten. Entweder ich gehöre zu denen, die »in die Höhle gehen«, die sich zurückziehen, oder ich gehöre zu denen, die schnell überaktiv oder forsch sind, die sich immer durchsetzen müssen.

Grooten: Genau. Dann gibt es noch eine Möglichkeit: Das sind die Menschen, die eine Resilienz besitzen. Sie bleiben ruhig, auch wenn das Gegenüber laut wird oder nicht anwesend ist, also gleichgültig wirkt. Sie lassen sich nicht verrückt machen und sie können leicht Grenzen setzen, im Sinne von: Ich will nicht, dass du so mit mir sprichst, oder ich möchte, dass du mir zuhörst. Und dann können sie auch wieder zurückkehren und entspannt auf Augenhöhe kommunizieren.

Wir haben alle diese drei Möglichkeiten, aber wenn man traumatisiert ist oder in der Kindheit immer wieder Erfahrungen gemacht hat, die als bedrohlich empfunden wurden, dann kann eine der genannten Verhaltensweisen inkorporiert, also verkörpert sein. Und das ist dann in unserer Neurobiologie festgelegt. Man steckt fest in dem Muster, dass man nichts zu sagen hat, oder dass man sich dauernd verteidigen muss.

In der Kommunikation spielt noch etwas anderes eine wichtige Rolle – die Co-Regulation. Derjenige, der ruhig ist, reguliert den anderen. Ich rede dann ruhig mit dir, und wir hören einander zu, sind uns wohlgesonnen und freundlich. Meine Stimme ist nicht laut oder gepresst, sondern sie hat eine Melodie. Wir können beide auch still sein, denn dann haben wir Zeit zu verarbeiten, was gesagt worden ist. Und das schafft Nähe, weil der andere wieder zur Ruhe kommt, und wir können ein schönes Gespräch haben. Es entsteht dann ein angstfreier Raum, in dem wir uns gegenseitig sicher sind. Co-Regulation bedeutet auch, wenn mein Gegenüber schreit, und ich bleibe in dem Moment entspannt und ruhig, reagiere nicht mit Kampf oder Flucht, dann wird das

Gegenüber sich auch wieder beruhigen. Sein Nervensystem reagiert auf mein beruhigtes Nervensystem. Wir regulieren auf diese Weise gegenseitig Stress.

Haarmann: Ich möchte nochmal auf diese chronische Verteidigungshaltung zurückkommen, weil das für Familien, die auseinanderbrechen, so wichtig ist.

Grooten: Sie kommt dann zum Ausdruck, wenn zum Beispiel jemand zu laut spricht oder zu viel redet oder sauer ist. Wenn ich das nicht aushalten kann, entziehe ich mich. Das ist ein sehr problematisches Muster in der Familie. Oder ich werde auch laut und fange ebenfalls an zu schreien.

Haarmann: Kann es sein, dass man zwischen beiden Zuständen, dem ohnmächtigen Rückzug und dem wütenden und lauten, hin- und herswitcht?

Grooten: Ja, das kann mehrmals am Tag hin- und hergehen.

Haarmann: In meinem Buch spreche ich von Eltern, die eine Kriegs- oder Nachkriegskindheit hatten, die objektiv Bedrohliches erlebt haben. Könnte es sein, dass viele von ihnen chronisch in einer Verteidigungshaltung stecken? Dass sie deshalb immer zu laut, zu heftig, zu fordernd, zu massiv sind; dass sie ständig machen müssen, zu viel arbeiten, zu viel putzen oder zu denen wurden, die leiden und passiv sind?

Grooten: Ja, genau das. Neben diesem verkörperten Abwehrverhalten ist noch etwas anderes von Bedeutung. Als sie Kinder waren, war das für diese Menschen nicht einfach, denn sie haben die Co-Regulation mit ihren gestressten oder traumatisierten Eltern nicht lernen können. Wir wissen heute, wenn die Mutter oder der Vater aus eigener Not nicht in der Lage waren, ihr Kind ausreichend zu beschützen, wenn sie wenig einfühlsam sein konnten, dann konnte sich ihr Kind kaum beruhigen. Ist die Mutter aufgeregt, bleibt es das Kind auch. Denn es ist so: Das Kind ist nur so reguliert, wie die Eltern es sind. Es ist mit ihrem Nervensystem eng verbunden. Ist beispielsweise die Mutter in diesem sympathischen aufgeregten Zustand, dann ist sie wie nicht verfügbar. Und das Kind erlebt das als: Ich bin für sie nicht wichtig, es bleibt in seinem Stress stecken.

Was noch dazu kommt, wenn man chronisch in diesem sympathischen Zustand ist, wir sagen Status: Dann nimmt man auch die Außenwelt aus diesem Zustand heraus wahr. Dann schaut man auf eine Welt, in der man sich verteidigen muss. Man sucht im Gegenüber etwas, was bedrohlich ist. Das ist eine Haltung, die auch für die Menschen gilt, die sich zurückziehen. Auch sie nehmen dann die Welt, das Gegenüber, schnell als bedrohlich wahr. Porges nennt das »the state creates the story«, der körperliche Zustand bestimmt die Wahrnehmung meiner Welt. Die Menschen, die beruhigt und reguliert sind, werden folglich das Gegenüber und die Welt als freundlich erleben.

Haarmann: Wir sind also viel mehr von unserer Biologie bestimmt, als wir denken.

Grooten: Worüber wir reden, das ist so körperlich. Es hat unter anderem auch mit dem Hören zu tun, mit den Muskeln im Mittelohr. Was da passiert, ist sehr interessant. Wichtig ist die Art zu sprechen, also wie man etwas sagt. Wenn man dauerhaft in einem Umfeld ist, wo laut gesprochen wird, das betrifft die Eltern, aber auch Lehrer, oder wenn immer der Fernseher laut an ist oder auch noch ein Hund bellt …

Haarmann: … Das ist eine Art Aufgeregtheit?

Grooten: Ja, genau, dann passiert etwas mit den Muskeln im Mittelohr. Sie sind auf Lärm gerichtet, der von außen kommt. Zu viel an Lautstärke bedeutet eine Verspannung im Mittelohr. Das hängt mit der Evolution zusammen. Wenn man in Gefahr ist, dann muss man alles hören, was da draußen passiert. Dann bekommt das

Trommelfell eine andere Spannung. Bei Trommeln wird der Ton auch höher, wenn das Fell eine höhere Spannung hat.

Haarmann: Das Ohr ist dann eingestellt, eine potenzielle Bedrohung sofort wahrzunehmen.

Grooten: Ja, und wenn die »Gefahr« vorbei ist, sich der Körper wieder entspannt, entspannt sich auch der Muskel im Ohr. Nimmt die Geräuschquelle nicht ab, bleibt der Muskel verspannt, man bleibt im sympathischen, angespannten Zustand.

Wenn ich jetzt die Stimme meiner Mutter oder meines Vaters oder auch des erwachsenen Kindes als zu laut, zu stark, also als eher bedrohlich empfinde, werde ich mit einem Verteidigungsimpuls reagieren. Abwehr oder Rückzug, beides ist möglich. Der eine denkt, ich will nichts mehr hören, ich mache meine Ohren zu. Die andere reagiert ebenfalls sympathisch und beantwortet das auch mit Schreien.

Haarmann: Es gibt also eine Reaktion des autonomen Nervensystems, wenn Eltern und Kinder sich sozusagen die Knöpfe drücken und sich gegenseitig nerven.

Grooten: Genau, wirklich nerven, denn es geht biologisch um die Nerven. Der Vagus-Nerv bestimmt zu einem großen Teil, wer, oder besser wie wir sind.

Haarmann: Warum geraten wir eigentlich immer wieder in das gleiche Beziehungsmuster? Du weißt alles über die Problematik mit deiner Mutter, deinem Vater, deinem erwachsenen Kind und nur ein Wort reicht, eine bestimmte Atmosphäre, eine Geste, und schon bist du in Abwehr, schon bist du in Verteidigung.

Grooten: Unser Gehirn ist neurobiologisch geprägt und es reagiert vor dem Hintergrund unserer frühen Erfahrungen. Es reagiert so, wie es damals die beste Lösung war, die es gab. Und wir alle sind sehr schnell in dem alten Muster. Solange dein autonomes Nervensystem getriggert ist, wiederholen wir es. Das Muster ist nur zu unterbrechen, wenn wir lernen und üben – und das immer wieder –, wie es in Balance kommt und damit resilienter wird. Das bedeutet, dass sich neue Verbindungen im Gehirn entwickeln, sodass es neue Wege gibt, zu reagieren. Der Weg dahin ist die Entspannung und die Selbstregulation. Wenn ich meinen Körper kenne, wenn ich spüre, dass vielleicht meine Atmung flach wird oder sich Muskeln verspannen, die innere Aufregung steigt, dann wird es darum gehen, zu lernen, sich wieder körperlich, kognitiv und emotional zu beruhigen.

Haarmann: Wir können unserem Nervensystem, unserem Gehirn beibringen: »In Wahrheit will meine Mutter, mein Partner mir nichts. In Wahrheit sind meine Eltern oder meine erwachsenen Kinder schwierig, aber doch okay. Es passiert hier faktisch nichts wirklich Bedrohliches?«

Grooten: Ja, sie werden vielleicht nicht meine besten Freunde, aber ich kann sie besser annehmen. Wenn mein autonomes Nervensystem anfängt, das zu lernen, dann ist Entwicklung möglich.

Wenn ich den Zustand meines Gegenübers erkenne und spüre, dass er oder sie wieder »in ihrem Film« ist – sich angegriffen fühlt oder sich zurückzieht –, dann kann ich mich leichter anders verhalten. Ich kann vielleicht nach draußen schauen oder an etwas Freudiges denken. Manchmal ist es gut, erstmal mit einem Vertrauten zu sprechen oder zu telefonieren, denn dann brauche ich vielleicht diese Stimme, und wenn ich sie höre, dann bin ich schon beruhigt. Oder wenn ich selbst aussteige, wie deine kleine Geschichte, in der die Mutter so ärgerlich wird und so hart und zu ihrer Tochter sagen kann: »So will ich eigentlich nicht sein.« All das kann helfen, dass ich mitbekomme, es ist eigentlich nichts Dramatisches passiert. Dann bin ich wieder im Hier und Jetzt und damit aus dem Muster raus.

Haarmann: Wir sprechen ja hier nicht von einer Pathologie, sondern von Normalität. So funktionieren wir.

Grooten: Unsere Biologie, unser Körper, unser Nervensystem ist ständig in diesen unterschiedlichen Zuständen unterwegs. Das ist die Normalität unseres Daseins. Am wohlsten fühlen wir uns in dem sicheren und verbundenen Zustand: »Ich darf da sein, du hörst mich an.« Es geht um Akzeptanz und Urteilslosigkeit. Daniel Siegel sagt in seinem Buch *IntraConnected*: Wir sind keine Menschen, wenn wir uns mit dem Anderen nicht in Sicherheit begegnen. Sicherheit ist die Basis unseres Menschseins.[23]

---

23 Siegel, Daniel J.: *IntraConnected MWe (Me+We) as the Integration of Self, Identity, and Belonging*, Norton, 2022.

Kapitel 8:
Das ganze Bild oder Was möglich ist

Wenn Sie mir bis hierher gefolgt sind, dann werden Sie vielleicht verwundert, vielleicht skeptisch oder gar ärgerlich feststellen: Es ging ja bis hierher überwiegend um mich als betroffener Elternteil und bisher nur wenig um das Kind, das mich so herausfordert, so abstraft und verletzt, das so ungerecht mit mir und unserer Familie umgeht. Mein Kind, für das ich alles getan habe.

Ich weiß, das ist eine Zumutung, aber als betroffene Eltern kann es nur um Sie selbst gehen. Denn das Schreckliche und Leidvolle an den Kontaktabbrüchen ist, dass die Situation die Eltern in einen Zustand zwingt, der niemandem zu wünschen ist – in die Ohnmacht. Man kann nichts ändern, nichts tun. Die Zurückweisung ist schmerzlich und nicht gerecht, man hat doch versucht, es besser zu machen als die eigenen Eltern. Nur leider ist es so: Hat ein erwachsenes Kind die Tür zugeschlagen, dann stehen die Eltern machtlos davor. Der Versuch, diese Tür wieder zu öffnen, führt in der Regel dazu, dass sich das Schloss noch deutlicher verschließt. Jeder Anruf, jeder Versuch, Geschwister, Freunde, Onkel oder Tante einzuschalten, oder nur eine Nachricht kann zu viel sein, sodass die Kontaktabbrechenden es als Übergriff empfinden und einen weiteren Schritt zurückgehen.

Selbstreflexion: ein Weg, der verändert

Es gibt aus meiner Sicht keine Wende, solange man in den gewohnten Denkmustern verhaftet bleibt. Mit dem erwachsenen Kind ist nichts mehr zu klären, mit einem Umdenken, einer Veränderung kann jede und jeder Einzelne nur selbst beginnen. Ich weiß, ich verlange viel von Ihnen, mit dem, was hier folgt. Aber um das »ganze Bild«, um die Zusammenhänge des Kontaktabbruchs zu verstehen, gehört die Reflexion um die eigene Herkunft, der eigenen Person und des eigenen Handelns. Die Entzweiung ist keine plötzlich auftauchende Katastrophe. Dem auf die Spur zu kommen, da liegt die Veränderung. Jeder neue Blick ermöglicht denjenigen, die einen Abbruch hinnehmen müssen, besser zu verstehen, was die Hintergründe sind. Eine Selbstreflexion birgt eine weitere Chance. Wenn die Tochter oder der Sohn den Kontakt wieder vorsichtig aufnehmen, und das wird in der Mehrheit der Fälle irgendwann geschehen, dann werden Sie als Mutter oder Vater an einer anderen Stelle stehen. Sie werden vieles mehr um Ihre eigene Wahrheit und die Wahrheit Ihres Kindes wissen.

Diejenigen, die eine On-Off-Beziehung mit ihren Kindern haben, mal sieht man sich oder schreibt Handynachrichten, dann wieder nicht, scheitern meist, weil beide Seiten sich nicht verstanden fühlen. Sie stecken im gewohnten Umgangsmuster fest. Also ist es gut, zu fragen: Was ist mein Teil, was sind meine Verhaltensmuster?

Selbstreflexion ist zudem das, was sich die erwachsenen Kinder von ihren Eltern wünschen. Sie, die Jungen, reflektieren sich und die Familie schon lange. Selbstreflexion ist die Voraussetzung, um dem erwachsenen Kind auf Augenhöhe zu begegnen. Wer sich und sein Handeln versteht, muss nicht mehr größer, stärker, wissender auftreten. Und sich auch nicht mehr kleiner, schwächer, hilfesuchend und angreifbar machen. Wer sich mit sich selbst beschäftigt, sein eigenes Leben endlich ernst nimmt, ist nicht so fixiert auf das erwachsene Kind. Der Sog nach einer schnellen Kontaktaufnahme lässt nach.

Dennoch, die Töchter und Söhne fordern viel. Sie fordern, was noch keine Generation zuvor von den eigenen Eltern gefordert hat. Ein wenig schmunzelnd füge ich hinzu: Was die Jungen können, können wir Alten auch.

Die Brüchigkeit hat Wurzeln

Die Eltern, die mich kontaktieren, sind oft erstaunt über meine Vorgehensweise in den Beratungsgesprächen. Sie suchen einen Rat, was sie tun können, um wieder in Kontakt zu kommen. Sie wollen davon berichten, wie erschüttert sie über das Verhalten ihres erwachsenen Kindes sind. Sie erklären mir Details, wie furchtbar sich das erwachsene Kind oder auch das Schwiegerkind ihnen gegenüber benimmt. Sie fragen an, wie darauf zu reagieren sei. Sie erklären ihre Abers, wie in Kapitel 1 beschrieben. »Aber es war doch so vieles gut. Aber als es klein war, hat das Kind mich doch so geliebt. Aber es stimmt doch gar nicht, was es anführt, es war doch ganz anders.« Sie vergewissern mir und sich selbst, wie viel sie richtig gemacht haben und wie sehr sie ihr Kind lieben. Ja, das steht für mich außer Frage, nur führt das zu keiner Klärung. Die große Mehrheit der erwachsenen Kinder will ihren Eltern nicht schaden. Sie können jedoch die eingeschliffenen Verhaltensweisen und Kommunikationsformen nicht mehr ertragen. Sie wollen gehört werden, die Abers treiben sie fort.

Sind die Kinder gegangen, ist das Schlimmste passiert, und daran ist erst einmal nichts zu verändern. Verändern können die Eltern nur noch sich selbst. Die wichtigen Fragen können dann heißen: Was ist mein emotionales Erbe? Welchen Einfluss hatte und hat meine Geschichte auf mein Verhalten mit meinen Kindern? Was habe ich über die Eltern-Kind-Beziehung gelernt und was habe ich weitergegeben? Haben Ängste mein Leben begleitet? Aber auch die Frage: Gibt es unausgesprochene Wünsche, die ich an meine Familie habe?

Ich bin überzeugt, die aktuelle Familiendynamik ist nur zu begreifen, wenn die eigenen Beweggründe verstanden werden. Das ist der Grund, warum ich mit allen Betroffenen in ihre Vergangenheit zurückreise. Und so beginnen auch die Berichte in diesem Buch mit den Kindheitserfahrungen. Sie sind nicht ausgewählt, weil sie besonders dramatisch sind. Sie sind das Typische, das, was aus meiner Erfahrung bei einem Kontaktabbruch im Hintergrund steht. Die Einblicke in die Familien verdeutlichen, dass es eine Brüchigkeit in der Familie schon früher gegeben hat. Alle Mütter und Väter, die sich an mich wenden, kommen bereits aus Familien mit schwierigen Bindungsthematiken. Oftmals gibt es bereits Kontaktabbrüche in den Herkunftsfamilien. Einige haben ihren Vater nicht oder kaum gekannt. Nur bei wenigen wird der Gedanke aufrechterhalten, so wie bei Peter Bloch in Kapitel 6: Ich komme aus einer glücklichen Familie.

Und natürlich gab es in jeder dieser Herkunftsfamilien auch schöne Dinge. Zumindest nach dem Krieg herrschte materielle Sicherheit. Die Versorgung, um groß zu werden, stimmte. Bildung wurde gefördert. All das hat einen hohen Wert und darf nicht unterschätzt werden. Es gab Geschenke, Urlaube, Förderungen in Sport oder Musik und vieles mehr.

Worüber ich spreche, ist die Qualität der Bindung, der Beziehungen und der erzieherischen Vorstellungen. Meine These, warum es zu einem Kontaktabbruch kommt, sei hier noch einmal benannt: Die betroffenen Eltern kennen das Gefühl von Verlassenheit schon lange. Das haben sie mitgebracht. Sie haben bestimmte Ängste – allen voran die Sorge, dass jederzeit etwas Schreckliches passieren kann. Sie fantasieren familiäre Katastrophenszenarien, die sich ihrer Kontrolle, dem eigenen Einfluss entziehen könnten. Sie kennen Verlustängste. Die Angst, nicht liebenswert zu sein. Sie kennen die Beklommenheit, wenn doch mal eine Schwäche hochkommt. Immer wieder kreisen ihre Gedanken um Selbstzweifel und das geringe Selbstwertgefühl, denn sie wurden als Kind missachtet, kleingemacht und ihre Fähigkeiten sind nicht erkannt worden. Aber sie wissen auch vom Zorn und der Wut, von Gedanken wie: »Keiner versteht mich« oder »Lasst mich doch alle in Ruhe«. Manche stecken noch immer in der Überverantwortung fest, dem Immer-geben-Müssen, darin, für alle da sein zu müssen, so wie sie damals für Mutter oder Vater da sein mussten. Kontrolle und Funktionieren war und ist ihr Halt. Einige erlebten massive Vernachlässigung und Gewalt durch den Vater oder die Mutter. Sie alle kennen das eine oder andere, auch wenn sie es nicht bewusst fühlen, weil sie die Kränkung und den Schmerz weggeschlossen haben.

Das generationenübergreifende Dilemma

Ich bin überzeugt: Wären die Bedingungen damals anders gewesen, wären Sie als Kind, als junger Mensch schonend und beschützend behandelt worden, dann hätten Sie es weitergegeben. Hätten Sie als Kind eine vertrauensvolle, haltgebende, respektvolle, wärmende, stabile Bindung mit Mutter und Vater erlebt – das, was wir Liebe nennen –, dann hätten Sie diesen Schatz an die nächste Generation weitergereicht. Eine sichere Bindung pflanzt sich ebenso fort wie die unsichere. Heute sieht man vieles anders, aber als junge Eltern hat man aus Unkenntnis und Unvermögen gehandelt. Deshalb wiederhole ich den Satz: »Wenn Sie es besser gekonnt hätten, dann hätten Sie es getan. Aber Sie konnten nicht.« Ich spreche hier von dem generationsübergreifenden Dilemma.

Es gibt eine Einschränkung. Anders als bei den kollektiven transgenerationalen Traumata kann ein einzelner schwerer Schicksalsschlag, ein Trauma, ein Verlust, der nicht verarbeitet wird, aus stabilen Eltern instabile werden lassen. Sie sind dann wie aus dem Lebensfluss gerissen und als Eltern kaum noch verfügbar. Das höre ich beispielsweise von Familien, bei denen der Tod eines Geschwisters die Grundfesten der Familie ins Wanken gebracht hat. Damit verlieren die Kinder plötzlich den gewohnten Halt durch ihre Eltern.

Von der notwendigen Aufrichtigkeit

Die selbstreflektierende Frage, welchen Einfluss all das auf meine Verhaltensweisen, auf mein Denken hat, fordert Aufrichtigkeit. Wollen die Eltern etwas verändern, dann braucht es das ehrliche Erforschen: Was ist mein Teil? Wiederhole ich, was ich selbst erlebt habe? Oder ist das »Besser machen wollen als die eigenen Eltern« anders verlaufen als gewünscht? Was hat mein erwachsenes Kind versucht auszudrücken, was war und ist seine Botschaft? Ein Austausch über diese Fragen ist genau das, was die Kinder sich gewünscht haben, bevor sie gingen. Sie suchen das Wahrhaftige, was unter alldem liegt. Sie spiegeln ihren Eltern etwas, was man nie sehen, geschweige denn fühlen wollte. Aber Kontaktabbruch bedeutet, dass zweifelsohne etwas schiefgelaufen ist. Das fordert, wie gesagt, ein aufrichtiges Hinschauen, wenn sich etwas bewegen soll.

Im Oktober 2023 schickt mir eine Mutter folgende Zeilen: »Durch die Funkstille musste ich an mir und meiner Vergangenheit arbeiten. Meine Tochter hatte mich gefragt, kurz bevor sie den Kontakt abgebrochen hat, was mir passiert ist, dass ich so geworden bin. Die Frage hatte mich lange begleitet und mit professioneller Hilfe konnte ich mir selbst die Frage beantworten. Ich musste erstmal wieder Zugang zu mir und meinen Gefühlen finden, um mich in meine Tochter hineinversetzen zu können.«

Problematische Familienmuster

Über die Verbindung zu den eigenen Eltern ist in diesem Buch vieles gesagt worden. Jetzt wird es darum gehen: Wie bin ich als Mutter oder Vater? Was hat mein Kind, haben meine Kinder mit mir erlebt?

Ich unterscheide diese Fragestellung in drei Aspekte:

1. Die Familienmuster, wie war das Zusammenleben?
2. Wie ist mein Umgang mit Nähe und Distanz?
3. Gibt es verborgene Sehnsüchte, die meine Beziehungen beeinflussen?

Natürlich ist jede Familie so einzigartig, wie jedes Mitglied der Familie es ist. Jede Familie hat ihr Schicksal und ihre Themen, die sich, wie wir gesehen haben, aus der persönlichen und gesellschaftlichen Geschichte speisen. Die Komplexität ist groß, und so kann ich hier nur Strukturen beschreiben, Verallgemeinerungen, die ein Angebot sind und Ihnen vielleicht eine Idee über Ihre Situation geben. Lesen Sie das Folgende mit wohlwollenden Augen. Es geht nicht um Schuld, nur um Erkennen. Wir alle, mich eingeschlossen, kennen das eine oder andere Verhaltensmuster.

Beginnen wir mit den Familienmustern, dem Alltagsleben in der Familie:

- Dazu gehört grundsätzlich die innere Befindlichkeit, in der man sich als Elternteil oftmals befunden hat oder noch immer befindet. Das meint den eigenen Stresslevel, die Anspannung und Aufgeregtheit, die Tonlage, unwirsche Stimmungen oder eine Niedergedrücktheit, eine Lähmung, die damit die Familie betraf.
- War man als Mutter oder als Vater stark oder geschwächt? Starke Menschen haben oftmals unter autoritären Erziehungsbedingungen lernen müssen, dass man keine Schwäche zeigen darf, dass man Probleme mit sich ausmachen muss. Sie haben gelernt: Nur wenn ich etwas leiste, bekomme ich Aufmerksamkeit. Gegenüber ihren eigenen Kindern tendieren sie zu Dominanz, können bestimmend und tonangebend sein. Fordern Leistungen, die sie für wichtig halten, tun sich schwer mit Lob. Sie glauben, nur wer stark ist, kommt gut durchs Leben, man selbst ist ja das beste Beispiel. »Was uns nicht umbringt, macht uns stärker«, so heißt der Glaubenssatz. Sie wollen einem potenziell drohenden Chaos mit klaren Strukturen begegnen und wiederholen das, was sie selbst erfahren haben. Sie geben die Strenge, die Härte, die Anforderungen nach guten Ergebnissen und das Funktionieren weiter. Sie tendieren zu Perfektion und können »Fünfe nicht gerade sein lassen«. Sie beschweigen alles, was Gefühle betrifft.
- Das Gegenteil, die Kraftlosigkeit oder Schwäche, bestimmt das Familienleben gleichermaßen. Diese Eltern, oft sind es die Mütter, sie sind »leiser«, fühlen sich schnell verlassen, »unterliebt«, bedürftig. Das ist ihr Schmerz, den bringen sie mit. Sie sind lieb, aber auch überängstlich und sie sorgen sich über die Maßen. Be-

sorgtheit und Angst gehört dann zum Familienklima. Für diese Eltern sind und bleiben die Kinder das Wichtigste in ihrem Leben. Sie neigen zur Schwermut und depressiven Verstimmungen. Ihnen ist schnell alles zu viel. In ihren Gedanken hängen sie in der Vergangenheit oder der Zukunft und sind in den Wirren ihrer Gefühle gefangen. In diesem Zustand stehen sie der Familie nicht richtig zur Verfügung. Diese Erwachsenen können sehr selbstbezogen sein, reden viel über sich, endlich einmal soll es um sie gehen, wenn nicht, dann reagieren sie schnell beleidigt. Nicht selten müssen die Kinder ihnen helfen, sich um sie kümmern, weil es ihnen so schlecht geht. Wenn das Kind oder der Partner jedoch nein sagt und eine Grenze zieht, dann erleben sie das als Ablehnung und sind verzweifelt. Eltern, denen selbst die innere Stabilität fehlt, können nur schwerlich Stabilität und Struktur an ihre Kinder weitergeben. Notwendige Grenzen zu setzen, fällt ihnen schwer. Ihre Angst vor Verlust ist zu groß.

- Objektive Probleme, die viel Aufmerksamkeit erfordern, können die Familienatmosphäre bestimmen. Krankheiten, Pflege von Familienangehörigen, finanzielle Not, Arbeitsprobleme, Streitigkeiten, einschneidende Schicksalsschläge. Die Frage ist, wie ausgeglichen, wie präsent konnte man als Mutter oder Vater unter solchen Bedingungen sein? Konnte man unter diesen Anforderungen die Befindlichkeit der Kinder überhaupt wahrnehmen?
- Dann das große Feld der Elternkonflikte. Eine gute Streitkultur haben nur die wenigsten gelernt, da wiederholt sich vieles. Nicht selten sucht man sich Partner, mit denen man den Kindheitsschmerz wiederholt, und ringt wie früher um Anerkennung und Wertschätzung. Kontaktabbrechende Töchter und Söhne sprechen von erschreckenden Szenen in ihrer Kindheit. Gemeint sind eine Dominanz und Aggressivität der Väter und in Folge eingeschüchterte Mütter, die es zu beschützen galt. Sie

berichten von einer Atmosphäre, in der man den Kopf einziehen musste, weil man nichts gegen die Aufgebrachtheit der Eltern tun konnte. War Alkohol im Spiel, konnte sich das potenzieren. Mütter oder Väter versuchen, die Kinder auf die eigene Seite zu ziehen. Dazu gehört auch, dass die Kinder Geheimnisse anvertraut bekommen, die eigentlich nicht in Kinderohren gehören. Mancher Elternteil möchte die Loyalität des Kindes für sich gewinnen, vor allem, wenn es zu einer Trennung kommt. Das führt für die Kinder zu einem Konflikt, der sie unter Umständen ein Leben lang begleitet. Also wie viel Fairness konnte man dem anderen Elternteil gewähren?

- Es können auch Wut und Frustration über das Leben, den Partner, über den alten erlittenen Mangel, die Ungerechtigkeiten eine Rolle spielen. Wut hat zwei Seiten, sie kann sich unkontrolliert und offen ausdrücken. Manchmal reichen Kleinigkeiten, die das innere Fass zum Überlaufen bringen, und die hohe Anspannung, der Stress im Körper entladen sich durch Wutausbrüche oder cholerische Ausfälle. Die andere Variante: Die Wut wird weggedrückt und weggeschluckt, darf nicht gezeigt werden. Die Folgen sind nicht weniger schwierig, denn die Wut gärt und man kann bitter und bissig oder auch gemein werden. Ein Groll macht sich breit und das Umfeld leidet. Vielleicht ist das eine Art Racheantwort auf das als problematisch empfundene Leben.
- Inwieweit spielen moralische oder politische Vorstellungen, Religion und Kirche, überlieferte Werte eine Rolle? Erziehungsideale der Großeltern und Eltern werden weitergegeben, weil sich das so gehört: »Sei brav, höflich, gottesfürchtig, hilfreich, lieb und gut, sittsam und bescheiden, fleißig, ordentlich und gehorsam«, Ideale, die man aus der »guten alten Zeit« übernommen hat und die nicht in Frage stehen, auch wenn die Welt sich

schon längst weitergedreht hat. Das birgt viel Konfliktpotenzial, wenn die Kinder dem nicht mehr folgen wollen.

Das große Konfliktpotenzial – die Kontrolle

Es gibt ein Thema, das ich ausführlicher betrachten möchte, denn es gehört zu den Hauptargumenten, die erwachsene Kinder anführen, bevor sie gehen. Hier einige der gängigsten Vorwürfe: Töchter und Söhne fühlen sich beobachtet, gegängelt, die Eltern hätten hohe Ansprüche, was sie und ihr Leben betrifft. Sie könnten es nie recht machen, weil die Eltern alles besser wüssten und immer Recht hätten. Sie leiden, weil sie meinen, dass Disziplin und Leistungsstärke den Eltern wichtiger seien als sie selbst. Viele fühlen sich aus diesem Grund nicht wirklich geliebt. Sie empfinden die Eltern als grenzüberschreitend, die überall Einfluss nehmen wollen, selbst noch jetzt, wo sie erwachsen sind. Ihr Leben, ihre eigenen Erziehungsvorstellungen, ihre Werte fänden wenig Zustimmung. Die Eltern mischten sich mit ihren Befürchtungen und Besserwissereien ständig ein, nörgelten an allem rum. Die Töchter und Söhne kennen jeden Gedanken, jede Mimik, jeden Blick, jedes Räuspern der Eltern und wissen genau, wann sie nicht so »funktionieren«, wie die Eltern es wünschen. Die Eltern führten ein Leben, das funktional, diszipliniert, durchstrukturiert und getaktet sei, einfach perfekt, aber es sei nicht ihres. Sie wünschen sich Lebendigkeit vom Leben und nennen es Work-Life-Balance. Das Thema mit dem größten Konfliktpotenzial ist die Kontrolle und das Funktionieren, zwei Verhaltensweisen, die verschwistert sind. Die Disziplin gesellt sich gerne auch dazu.

Eine 34-Jährige formuliert es so:

»Nicht ich bin wichtig, sondern das, was ich leiste. Ich soll so sein, wie meine Eltern es sich wünschen. Habe ich die Leistung erbracht, dann gibt es Zuwendung in Form von Geld oder guten Worten. Aber ich habe immer die Herzenswärme vermisst. Ihr ständiger Versuch, das ganze Leben in den Griff zu kriegen, hat etwas Hartes. So gibt es keine Innigkeit mit meinen Eltern. Oft habe ich mich einsam und traurig gefühlt. Ich steige da aus, und ich werde nicht die Tochter, die sie sich wünschen.«

Das Bedürfnis, die Dinge zu kontrollieren, stößt auf Unverständnis zwischen den Generationen. Für die Kontaktabbrechenden, die im Wohlstand, in Friedenszeiten, mit einigermaßen erträglichen Erziehungsnormen groß geworden sind, ist dieser »Kontrollwahn« unverständlich und fürchterlich. Für ihre Eltern ist er, wie wir in den Biografien gesehen haben, lebensnotwendig. Für Menschen, die den Krieg erlebt haben oder in der kalten Zeit danach groß geworden sind, Menschen, die als Kinder traumatisiert worden sind, ist die Fähigkeit der Kontrolle und des Funktionierens überaus wichtig. Denn das war und ist der Garant, dass einem das Leben nicht vollends entgleitet. Je größer die Not, je größer die kindliche Haltlosigkeit war, je unsicherer und labiler das Umfeld, umso größer auch die Notwendigkeit, das Leben zu beherrschen, es im Griff zu behalten, so gut es geht. Damals als Kind musste man allein klarkommen, lernen, sich selbst zu organisieren und nur nichts falsch machen. Denn die Eltern waren nicht in der Lage, ihre Kinder zu sehen, geschweige denn, ihnen zu helfen. Die Kontrolle, die Disziplin ist das Korsett, das Kinder damals aufrecht hielt und noch immer hält. Der Preis dafür ist hoch. Man wird eisern, energisch und in gewisser Weise starr. Gefühle haben wenig Platz. Aber man hat das an die Kinder weitergegeben, weil es der einzige Weg zu sein schien, mit dem Leben fertigzuwerden.

Hierzu passen die Gedanken von Sabine P. Sie ist Anfang sechzig, als ihre Tochter eine deutliche und überaus schmerzliche Grenze zieht – sie verweigert monatelang den Kontakt. Dann gibt es mal ein Telefonat, gefolgt von einer neuen, zeitlich nicht abzusehenden Pause. Sabine P. reflektiert ihr Leben, ihr Kontrollbedürfnis und ihre Ungeduld: »Ich weiß immer, was zu tun ist.« Ihre Ungeduld bringe sie dazu, immer vorausschauend und gedanklich weiter zu sein als andere. Sie präsentiere Lösungen, noch bevor andere darüber nachgedacht haben, mit der Bemerkung: »Das muss doch hier mal vorangehen!« Sie sieht:

»Ich habe ein enges Wertesystem. Ich weiß genau, was sich gehört und was nicht. So weiß ich eben, über bestimmte Dinge lacht man einfach nicht. Ich weiß, wie ein festlicher Tisch auszusehen, wo was zu stehen hat. Ich weiß, wann der Weihnachtsbaum geschmückt wird, sicher nicht schon am zweiten Advent. Ich weiß, ohne Frühstück geht man nicht aus dem Haus. Ich weiß immer, was zu tun und was richtig ist. Und heute ist mir klar, es reichte ein Wort, ein Augenrollen, und meine Tochter wusste es auch. Regelverletzungen kann ich schlecht aushalten, denn ohne sie wäre es, als fehle das Netz, was mich hält. Und jetzt, nach dem Kontaktabbruch und einem neuen sporadischen Kontakt, muss ich lernen, mit Werten umzugehen, die nicht meine sind. Ich lerne, wie mein Kind es macht, und ich bemühe mich, es zu akzeptieren, ich kommentiere es zumindest nicht.«

Funktionieren, eine Fähigkeit

Das Kontrollbedürfnis, die Notwendigkeit zu funktionieren verstehe ich als eine Fähigkeit, der Realität standzuhalten – es ist ein Überlebensmodus, eine Widerstandsfähigkeit. Die Männer und Frauen, für die das zutrifft, sind zäh, denken, alle anderen müssten das auch sein. Funktionieren bedeutet Leistungsstärke. Ein Verhalten, das aus einem Alleingelassensein, aus einer Überforderung entstanden ist. Und wer wollte sich anmaßen, das zu verurteilen und zu bewerten? Heute könnten die Betroffenen die Kontrolle, die Zügel lockerlassen, denn die Ursache für dieses Verhalten ist lange vorbei. Immer wachsam, immer kritisch sein, ist und bleibt anstrengend. Und es bringt wenig Freude.

Noch ein Wort zu Sabine P. Ihr Kopf versteht, dass die Tochter sich von ihrer mütterlichen Omnipräsenz abgrenzen muss. Sie weiß, ihr erwachsenes Kind handelt so, damit es einen eigenen Weg, eigene Wertvorstellungen und Beziehungsformen finden kann. Aber ihr Herz empfindet diese Abgrenzung als Zurückweisung. Das ist etwas, was sie kennt, ein tiefer Kummer, eine Erinnerung an früher, an ihre eigene Mutter, die sie nie in den Arm nehmen, nie trösten konnte. Es erinnert sie an die frühen Zurückweisungen mit lebenslangen Folgen. »Das hat mich damals schon wütend gemacht«, sagt sie, »nur du kannst nicht gegen die Mutter an, du bist auf sie angewiesen. Ich denke, deshalb ist die Abgrenzung meiner Tochter, neben allem anderen, so ein wunder Punkt für mich.«

Über Nähe und Distanz

Damit sind wir bei der zweiten oben genannten Fragestellung: Wie war mein Umgang mit Nähe und Distanz?

Was die Psychologie heute über die Balance zwischen Nähe und Distanz in einer hinreichend guten Eltern-Kind-Beziehung weiß, ist in Kapitel 3 beschrieben. Und es ist deutlich geworden, die Eltern im und nach dem Krieg waren weit weg und distanziert. Körperlichkeit, die Kinder seelisch wärmen und halten, war nicht üblich. Bis mindestens in die 1970er-Jahre hinein haben viele Kinder genau das vermisst. Die Eltern der Kriegs- und Wiederaufbaujahre taten sich schwer damit. Liebe auszudrücken, das war ungeeignet für die harte Zeit. Eine Art Panzerung, die einen zusammenhielt, das war für die Herausforderungen des Alltags tauglich. »Körperkontakt – daran kann ich mich nicht erinnern. Meine Mutter hat mich nie umarmt, ich habe nie auf ihrem Schoß gesessen. Mein Vater war immer distanziert und weit weg. Meine Eltern und ich – wir sind uns wie fremd« sind ganz typische Sätze für die Kinder dieser Zeit. Sie sprechen meist über die Kühle, über die Unnahbarkeit ihrer Eltern. »Autonomie ja, das kennen wir, aber Respekt vor mir als Kind…?« Autonomie und Eigenverantwortung waren sogar gefordert: »Sei selbstständig und mach uns keinen Kummer und keine Sorgen, die haben wir schon genug.« Die Distanziertheit im Kontakt war damit gelernt und manifest.

Verdeckte Dynamiken

Vor diesem Hintergrund entstehen aus meiner Sicht verdeckte Dynamiken, die wesentlich zu den Kontaktabbrüchen der nächsten Generation beitragen. Dynamiken, die nicht bewusst sind, die in ihrer Selbstverständlichkeit kaum noch wahrgenommen werden – wie ein blinder Fleck.

Die im Krieg geborene Helga H., die in Kapitel 4 ihre Geschichte erzählt hat, stellt sich dem und trifft mit der Frage »Was ist eigentlich Liebe?« den Kern. Denn diese Form der Liebe, die Nähe, hat sie vermisst, und sie kann so schwerlich geben, was sie nicht kennt. Nähe ist für die Betroffenen oft mit Angst verbunden. Wenn ihnen jemand zu nahe kommt, ist der Rückzug ein Reflex. Die Sehnsucht, das Bedürfnis danach hat sich ins Gegenteil verkehrt. Aus der Not hat man gelernt, sich unberührbar zu machen und schon sehr früh eine Schutzmauer aufgebaut, eine Grenze, damit sich der früh erlebte Schmerz nicht wiederholen kann. Das elementare Bedürfnis nach Nähe hält sich in einer Kapsel oder dem schon benannten Tresor verborgen. So drückte Helga H. als junge Frau ihre mütterliche Liebe auf andere Weise aus, durch bestmögliche Versorgung und Wohlstand. Sie ermöglichte ihrer Tochter alles. Dafür hat sie vieles getan und vieles gegeben, das war ihr möglich. Das bedeutete dann: »Die Kinder sollen es mal besser haben.«

Dieses distanzierte Muster gilt aber nur für einen Teil der betroffenen Eltern. Die andere Möglichkeit wirkt wie das Gegenteil. Der Schmerz, der Kummer kapselt sich nicht ab, sondern schwebt wie ein U-Boot durch die Gefühlswelt auf der Suche nach Nähe, will endlich gesehen und erlöst werden. Das zeigen die Erinnerungen von Margit Arendt, dem Wirtschaftswunderkind, aus Kapitel 5. Sie suchte die Nähe. Auch sie hat alles für ihre Tochter getan. Aber es traute sich noch etwas anderes hervor, auch sie brauchte etwas, den körperlichen Kontakt. Sie wünschte sich Nähe und enges Beisammensein. Und wer sollte das erfüllen? Ihr Kind! Werden die Urbedürfnisse nicht erfüllt, kann eine, ich nenne das Schreckenswort, unerlöste Bedürftigkeit überwintern und sich bei dem eigenen Kind dann ausdrücken.

Kontaktabbruch als Folge von zu viel Nähe oder zu viel Distanz

Bei allen kontaktabbrechenden Töchtern und Söhnen, von denen ich weiß, geht es im Kern um eines dieser beiden Themen. Ich habe das schon in Kapitel 1 angesprochen, will den Faden hier nochmals aufgreifen und weiterspinnen. Es geht immer um zu viel Distanz oder zu viel Nähe, mit allen Zwischentönen und Schattierungen. Die nächste Generation empfindet sich von ihren Eltern entweder »unterliebt« oder »überliebt«, unterversorgt oder überversorgt. Auf jeden Fall empfinden sie sich nicht auf die richtige Weise geliebt und verstanden.

Nach meiner Beobachtung überwiegt heutzutage der Anteil derjenigen, die sich überliebt und überbehütet fühlen, bei Weitem. Das Thema ist eine zu große Nähe, die zur Enge geworden ist. Töchter und Söhne wehren sich gegen das Familien-WIR, gegen das Postulat, das da heißt: Wir gehören zusammen und sind durch nichts zu trennen. Sie fühlen sich observiert und unfrei und entziehen sich der empfundenen Enge.

Die »inneren Kinder« erblicken das Licht der Welt

Wie konnte aus dem Zuwenig ein Zuviel werden? Warum klagen die jüngeren Kontaktabbrechenden weniger über zu distanzierte Eltern, sondern vermehrt über eine zu große Nähe? Das hat, aus meiner Sicht, mit der offeneren Gesellschaft zu tun. Liebe zu zeigen und sie auszudrücken, ist heute erlaubt. Zärtlichkeit oder sogar Kuscheln, das Wort Liebe zwischen Eltern und Kindern, wurde gesellschaftsfähig, ja, war plötzlich sogar erwünscht. Ab den 1970er-Jahren begann man über Dinge zu sprechen, die vorher verpönt waren. Jetzt sollten Kinder Rechte haben und brauchten Zuwendung für ihre Entwicklung, körperliche Züchtigung wurde als schädigend anerkannt. Kinder wurden als schützenswerte Wesen gesehen. Die veränderte Pädagogik, die sich ausbreitenden psychologischen Kenntnisse, die veränderten Normen der Gesellschaft benannten das, was Kinder früher so vermisst hatten.

Das heißt, die öffentliche Einstellung deckte sich schrittweise mit dem inneren versteckten Wunsch, der Sehnsucht nach Wärme. Die vergrabenen Bedürfnisse korrespondierten mit diesem Fortschritt. Zudem hatten sich viele dieser Generation damals als Jugendliche und junge Erwachsene geschworen: Ich mache es mal anders als meine Eltern. Ich werde meine Kinder fürsorglich behandeln, werde nahbar sein, werde sie nicht schlagen, sie behüten und da sein für sie. Das Außen, der neue gesellschaftliche Diskurs, ermöglichte, ja, förderte diesen Vorsatz nach liebevoller Verbindung und nach Zugehörigkeit.

Das bedeutet, der unerlöste Teil, der sich immer schon Nähe herbeiwünschte, durfte sich endlich vorsichtig zeigen. Ich gehe davon aus, dass allen Menschen der Wunsch nach Liebe gemeinsam ist. Es ist mehr als ein Wunsch, es ist ein Sehnen nach Anerkennung, nach Würdigung der eigenen Person. So respektiert zu werden, wie man ist. Es ist das Bedürfnis nach Zugehörigkeit – das Gegenteil der Einsamkeit. Heute nennen wir diesen unerlösten Teil das »unterversorgte innere Kind«, das sich an die Oberfläche drängt und genau das braucht.

Was ich vermisse, kannst du mir das geben?

Aber mit wem kann das, was man als Kind nicht bekommen hat, gelebt werden? An wen wendet sich dieser Wunsch, wer soll ihn einlösen beziehungsweise erlösen? Natürlich die Menschen, die uns am nächsten sind. Mit den Menschen, die zu uns gehören, soll das gelebt und ausgeglichen werden, was die unterversorgten inneren Kinder der Vergangenheit vermisst haben. Da liegt der Ursprung des Zuviels. Dieser Punkt hat sowohl für die Partnerschaften Bedeutung, was hier jedoch nicht diskutiert werden kann, aber er hat für die Beziehung zu den eigenen Kindern ein wirkliches Gewicht. Eltern, deren Kinder sich abgewandt haben, empfinden ihr Leben oftmals als eine große Ungerechtigkeit und äußern Sätze wie: »Das ist nicht gerecht. Ich habe doch auch Liebe verdient.«

Du musst doch wissen, was ich brauche

Damit sind wir bei der dritten Fragestellung: Gibt es verborgene Sehnsüchte, die meine Beziehungen beeinflussen? Aus meiner Sicht ist es die Stelle, die in der Eltern-Kind-Beziehung die größten Schwierigkeiten kreiert, weil sie so wenig bewusst ist, weil es hier um Gedanken und Wünsche geht, die wir gar nicht als problematisch ansehen oder identifizieren. Wieder unterscheiden sich dabei diejenigen, die zu fern sind, von denen, die ihren Kindern zu nahe sind.

Natürlich werden die Mütter und Väter, die sich mit der Distanz wohler fühlen, ihre Wünsche auf eine eigene Weise ausdrücken. Sie werden sie auf keinen Fall offen benennen. Dennoch ist da der alte kindliche Wunsch, dass andere doch sehen sollen, nein spüren sollen, was mit mir ist und was ich brauche. Es soll endlich jemand für mich da sein. Und wenn der andere es nicht erkennt, bin ich wieder enttäuscht und werde vielleicht sogar wütend. »Ach, ich hätte so gerne ...«, »Warum denkst du denn nicht daran!«, »Du müsstest doch wissen, was ich brauche ...«. Sozusagen undercover sendet man mit Nachdruck eine Wunschbotschaft an die Menschen, die einem nahe sind. Der Subtext dieser geheimen Botschaft lautet: »Kümmere dich um mich, sei wenigstens du eingestimmt auf mich, hör du mir zu, da meine Herkunft das nicht leisten konnte.« Richtet sich das an die eigenen Söhne und Töchter, dann gibt es ein Problem. Das ist wie eine verkehrte Welt.

Nicht das Kind kann und muss spüren, was die Mutter, der Vater braucht, sondern das ist die originäre Aufgabe der Elternschaft. Die Kinder vermissen die Nähe der Eltern, fühlen sich unterversorgt und sollen dennoch ihre Wünsche erfüllen? Kinder wollen verstanden werden und nicht die Versteher der Eltern sein. Sie können nicht das geben, was die Großeltern bei ihren Eltern versäumt haben. Da werden Ebenen verwechselt, die die kontaktabbrechenden Söhne und Töchter nicht mehr aushalten. Sie ziehen sich dann mit ihrer eigenen Sehnsucht nach elterlicher Nähe zurück.

Ich brauche dich

Ganz anders ist es bei den Eltern, die das Bedürfnis nach Nähe haben und einen innigen Kontakt suchen, die sich nichts anderes mehr wünschen als die Gemeinsamkeit. Sie können die Autonomie, die Freiheit, die Persönlichkeit ihrer Kinder nur schwerlich sehen. Vielleicht können sie sie sogar nicht ertragen. Hier ein Blick auf eine Lebensgeschichte, die verdeutlicht, was das für die Eltern-Kind-Beziehung bedeutet.

Da ist Heide B., Jahrgang 1966. Ihr Mann und sie haben es nicht leicht miteinander, zweimal schon waren sie getrennt. Frau B. hatte, was ich eine verhängnisvolle Kindheit nenne. Ihre Mutter, kurz vor dem Krieg geboren, ist bis heute im hohen Alter hart und ungerecht, kreist nur um sich. Nur ihre Wünsche zählen, alles dreht sich um Geld und um Konsum. Der Vater hatte zeit seines Lebens wenig Interesse an seiner Tochter. Frau B. wurde als Kind hin- und hergeschubst, bei ihrer Mutter war sie nicht willkommen. Drei Jahre verbrachte sie bei einer Verwandten auf dem Land. Wenn die Mutter Zeit und Lust hatte, holte sie sie zu sich nach Hamburg. Als Mädchen war sie orientierungslos, verängstigt und allein. Sie fühlte sich abgelehnt und nicht gemocht. Und mit diesen Gefühlen ringt sie bis heute. Dann mit Anfang zwanzig bekommt Heide B. einen Sohn und sagt: »Als ich in seine Augen schaute und sah, dass das Kind mich bedingungslos liebt, war es das erste Mal, dass ich mich überhaupt geliebt gefühlt habe. Ich habe vorher noch nie jemanden so lieben können wie dieses Kind.« Was das bedeutet, ist leicht nachzuvollziehen, das Kind war ihr Augenstern. Er wurde, wie ich es nenne, überliebt. »Er war so ein süßes Kind«, bekam alle Aufmerksamkeit und Fürsorge, jeden Wunsch versuchte sie zu erfüllen. Heide B. weiß, was Lieblosigkeit ist, und sie wollte es bei ihrem Kind richtig und anders machen.

Von außen gesehen stellt sich die Frage: Wie groß war und ist ihr Bedürfnis, dieses Kind an sich zu binden? Und das ist eine heikle Frage. Heide B. kann diesen Gedanken kaum zulassen. Jede Weg-Bewegung ihres Sohnes war schon früher und ist bis heute wie ein Stich, ein Wieder-allein-gelassen-Werden. Dass ihr Sohn autonom sein möchte, kann sie kaum sehen. Ihr Wunsch nach engem Kontakt und Harmonie ist zu groß.

Heide B. fragt meine Unterstützung an, als ihr Sohn, jetzt Mitte zwanzig, nach vielen Kämpfen mit einem Kontaktabbruch droht. Sein Verhalten sei aggressiv und manchmal sogar entwürdigend. »Du bist ja so ein Psycho«, beschimpft er seine Mutter. »Ein Treffen mit dir geht mir auf die Nerven, lass mich in Ruhe.« Jede Demütigung lässt sie zu, sie kann ihm keine Grenzen setzen, sondern macht sich klein. Aus Angst vermeidet sie den Streit und nimmt alles in Kauf, gibt ihm immer wieder Geld. Jedes Zusammentreffen stresse sie total. Sie will es doch richtig machen, damit er bleibt. »Er hat so eine Stinkwut auf mich. Ich glaube manchmal, er hasst mich. Alles, was mich ängstigt, das macht er natürlich – Kitesurfen bei Sturm und so gefährliche Sachen. Er grenzt sich brutal von mir ab, und ich fühle mich so schuldig, weil ich es mit ihm nicht hinbekommen habe.«

Dieser junge Mann wird vieles tun, was seiner Mutter und auch dem Vater, der oft gefehlt hat, nicht gefällt. Das muss er tun, denn mit der Abgrenzung schafft er sich etwas, was sein Eigenes ist. Er wendet sich Sportarten zu, die herausfordernd sind, schon um zu sehen, was er kann. Er will und er muss seine Kräfte spüren, eigenverantwortlich sein, er muss sich mit dem Leben messen, sonst bleibt er Mutters Sohn.

Nach einem erneuten Versuch der Mutter, doch noch Einfluss auf ihn zu nehmen, schreibt er seiner Mutter sehr klar: »Bitte lass mich meinen Weg gehen. Ich weiß, du machst dir Sorgen, aber ich muss für mich schauen, was ich will. Und wenn du das nicht akzeptierst, dann gehe ich meinen Weg ohne dich.« Er mag seine Mutter, das zeigen kleine Aufmerksamkeiten etwa zu ihrem Geburtstag. Vielleicht sorgt er sich sogar um sie. Was er nicht mag, ist vereinnahmt zu werden, ist die umklammernde Fürsorglichkeit. Er will und er kann nicht erfüllen, was sie sich von ihm wünscht. Das ist nicht seine Aufgabe. Heide B. hat das Gefühl, versagt zu haben, und möchte es wiedergutmachen, sie ist wie immer in Dauersorge um seine Zukunft und fragt mich: »Wie helfe ich meinem Sohn?« Meine Antwort: »In dem Sie ihn lassen.«

In den Ohren der betroffenen Eltern klingt das scharf und unerträglich, es muss doch eine andere Lösung geben! Ich befürchte nein.

Wir sind vieles – nicht nur Eltern

Eine Beruhigung wird es nur geben, wenn die betroffenen Eltern sich sich selbst zuwenden. Sie können die Kinder nicht ändern, sondern nur sich selbst. Eltern haben keinen Einfluss auf das Verhalten ihres erwachsenen Kindes, nur auf ihr eigenes. Es gilt den Blick von dem erwachsenen Kind wegzunehmen und sich selbst zu sehen. Für Margit Arendt, deren Tochter so massiv die Grenzen gezogen hat, gab es nur einen Weg. Sie ist in ihre Selbstverantwortung und Selbstfürsorge gegangen. Sie musste die Tochter erst loslassen, bevor eine Annäherung möglich wurde. Zeit meines Therapeutenlebens habe ich mit dem Begriff »Loslassen« meine Mühe. Zu oft wird er postuliert, obwohl man gefühlsmäßig noch gar nicht so weit ist, etwas zu lassen. Aber hier, bei den Kontaktabbrüchen, sehe ich keine andere Chance. Die leidvolle Situation erfordert es, sich selbst und sein Leben zu reflektieren, denn die Kinder können es nicht richten. Man kann sie nur lassen. Erst dann ist eine Entwicklung möglich.

Der Mangel aus der eigenen Geschichte bringt uns alle immer wieder dazu, dass unser »inneres Kind«, der alte Wunsch, sich an die Oberfläche drängt und fragt: »Und ich? Ich brauche doch auch!« Wird dieser Wunsch zu stark, dann verlassen wir die erwachsene Rolle der Elternschaft, wir fallen in kindliche Gemütszustände zurück. Aber unsere Kinder, ganz gleich, wie alt sie sind, brauchen die erwachsenen Eltern. Und aus dem Schmerz der Vergangenheit ist kein Anspruch an die eigenen Kinder zu stellen. Die Folgen der Entbehrung von damals und unsere Rolle als Eltern, das sind zwei Ebenen, die es auseinanderzuhalten gilt. Das zu erkennen, braucht sicherlich Zeit, vielleicht auch Unterstützung von außen, aber es ist die Voraussetzung, um das Beziehungsmuster zu verändern. Das gilt sowohl für die Eltern, die die Distanz leben, als auch für die, die Nähe suchen.

Ich weiß, verehrte Leserin, verehrter Leser, Sie würden gerne eine andere Lösung hören. Nur mir scheint, es gibt keine andere. Der Weg führt nicht über Ihr erwachsenes Kind, sondern nur über Sie selbst. Lassen Sie nicht los, dann kommen Sie kaum aus dem ohnmächtigen Gefühls- und Sehnsuchtsstrudel heraus. Der Sog wird Sie weiter nach unten ziehen. Folgende Äußerung einer Mutter wirkt auf mich bedrückend, wenn sie sagt: »Warum meldet sie sich nicht mehr? Ich möchte sie doch sehen, ihr nah sein, mit ihr reden. Sie ist doch mein Kind! Ich kann das nicht aushalten! Was soll ich tun, ich bin am Ende.« Als gäbe es nur Erlösung durch die Tochter, als hänge es von dem erwachsenen Kind ab, ob es der Mutter gut geht.

Selbstfürsorge bedeutet zu schauen: Was macht mein Leben aus? Wer bin ich ohne mein Kind? Denn »wir sind Viele«, nicht nur Mutter oder Vater. Vor allem, wir sind nicht nur Kinder unserer eigenen Eltern, die uns so viel aufgebürdet haben. Den Blick von dem erwachsenen Kind wegzunehmen und sich selbst zu sehen, wird eine Entdeckungsreise sein, die Ihr Leben bunter macht.

Wenn du mich brauchst, dann bin ich da

Zwei konkrete Dinge empfehle ich, wenn die Situation das zulässt. Schreiben Sie Ihrem erwachsenen Kind in Ihren Worten kurz, ohne alle Wenns und Abers. »Ich fange an zu verstehen. Wenn du mich brauchst, dann bin ich da.« Und wenn Sie mögen, fügen Sie an, »Ich liebe dich – deine Mama, dein Papa«. Das ist ohne Vorwurf, klingt nicht beleidigt, sondern ist die Essenz dessen, was Ihr Kind sich wünscht.

Der zweite Vorschlag: Suchen Sie sich Menschen, denen Sie sich anvertrauen können. Das mögen Therapeuten sein, Seelsorger, die eigenen Partner, sehr gute Freunde, Selbsthilfegruppen oder Verwandte. Sprechen Sie über sich, schütten Sie Ihr Herz aus, halten Sie nichts zurück. Seien Sie sicher, Sie gehören zu sehr, sehr vielen Menschen, denen es genauso geht wie Ihnen. Stellen Sie sich Fragen, die noch nie gestellt wurden: Wo komme ich her? Was hätte ich als Kind gebraucht? Was ist meine Angst, was Beziehungen betrifft? Drückt mein erwachsenes Kind mir gegenüber etwas aus, was ich hätte meinen eigenen Eltern sagen können oder müssen? Und dann noch die Frage: Soll mein Kind etwas für mich einlösen?

Auf dem Weg der Beantwortung werden Sie dann »das ganze Bild«, die Zusammenhänge sehen.

Augenhöhe – nicht mehr kleiner oder größer sein

Gibt es doch noch eine Möglichkeit, mit dem erwachsenen Kind zu reden, dann braucht es eine Haltung: die Augenhöhe. Der Sohn, die Tochter ist erwachsen, die Eltern auch. Machen Sie sich nicht kleiner, als Sie sind, und auch nicht größer. Ein Gespräch setzt voraus, Erwachsene reden miteinander. Folgende Fragen an den Sohn oder die Tochter können helfen: Wie geht es dir mit mir? Gibt es etwas, was du heute von mir brauchst? Was siehst du, was unsere Familie betrifft? Die Antworten mögen nicht leicht zu nehmen sein, aber das aufrichtige, kommentarfreie Zuhören birgt die Chance darauf.

Bevor ich zum Schluss komme, ist mir klar, da sind noch viele Fragen, die Sie als Betroffene bewegen, die aber den Rahmen hier sprengen würden, denn die Konflikte sind zu vielfältig und zu individuell. Zwei Themen, auf die ich immer wieder angesprochen werde, seien benannt: Das Thema Schwiegerkinder und vor allem auch die Enkelfrage.

Schwiegerkinder

Grundsätzlich glaube ich, dass kaum eine Schwiegertochter oder ein Schwiegersohn etwas wird tun können, ohne dass der Partner, also Ihr erwachsenes Kind, damit einverstanden wäre. Manchmal kommt es mir so vor, als drückten die Schwiegerkinder aus, was der eigenen Tochter, dem eigenen Sohn aus Scheu oder Angst oder auch aus Wut nicht möglich ist. Als würden sie in einer Stellvertreterrolle stehen und für ihre Partner sprechen. Betroffene Eltern neigen dazu, die Schwiegerkinder verantwortlich zu machen. Ich glaube, das ist eine Illusion, denn Ihr eigenes erwachsenes Kind hat eine Bindungsgeschichte mit Ihnen und ist und bleibt der Ansprechpartner, mit dem es etwas zu entwirren und zu verbessern gilt. Vielleicht hilft die Schwiegertochter, der Schwiegersohn auch, eine längst notwendige Ablösung zu vollziehen.

Verschweigen will ich dennoch nicht, dass die Schwiegerkinder manchmal selbst auch eine ungeklärte Familiengeschichte haben und ihren Missmut übertragen. Das macht es dann besonders schwer, aber auch das toleriert Ihr erwachsenes Kind.

Die Enkelfrage – der größte Schmerz

Die Position der Großeltern bei Kontaktabbrüchen gehört zu dem Schwierigsten und Schmerzhaftesten bei diesen Konflikten.

»Als würde man mir das Herz ausreißen, so traurig bin ich, dass ich meine Enkel nicht mehr sehen kann«, sagt mir eine 62-Jährige.

Ich höre von Großeltern, die nur noch Geschenke zum Geburtstag, zu Weihnachten vor die Tür legen dürfen. Manche dürfen in einer Notlage die Enkel doch betreuen, und dann wieder nicht. Ich höre von Anweisungen, was sie sagen und tun dürfen, weil sie sonst das Zusammensein mit den Enkeln riskieren. Großeltern sind erpressbar, passen sich übermäßig an, weil sie unter allen Umständen den Kontakt zu den Enkeln halten wollen.

Auf der anderen Seite fragen mich junge Erwachsene: »Wie soll ich das mit meinen Kindern machen. Sollen die meine Eltern sehen? Und wenn, wie sollen wir das praktisch lösen, denn ich will meine Eltern nicht sehen?« Sie haben Angst vor erneuten Manipulationen, vor einem für sie nicht tolerierbaren Verhalten ihrer Eltern, vor der Untergrabung ihrer pädagogischen Vorstellung. Vielleicht ist es auch eine Angst davor, dass ihre Kinder ihre Großeltern lieben. Und ja, Großeltern werden von den Enkeln geliebt und Großeltern lieben den Nachwuchs, denn sie sind jetzt keine Eltern mehr. Sie sind in einer anderen Rolle. Sie sind frei, frei von Verantwortung. Sie sind gesellschaftlich und wirtschaftlich etabliert und dadurch viel entspannter. Jetzt im Alter sind sie locker in ihren erzieherischen Vorstellungen und Maßnahmen. Sie spielen mit den Enkeln und wirken unbefangen, ganz anders, als sie es mit den eigenen Kindern waren. Sie können ausgesprochen gebend sein und viele von ihnen drücken das erste Mal ihre Liebe offen aus. Die Enkel-Großeltern-Beziehung ist besonders, denn Enkel hegen keinen Groll gegen sie. Sie sprechen die Großeltern nicht schuldig. Es ist eine Beziehung, die beiden Seiten guttut und von der beide Seiten profitieren. »Willst du meine Oma sein?«, fragt die Fünfjährige eine 70-Jährige in der Kita, die dort den Kindern vorliest. Das Mädchen vermisst ihre Großeltern.

In meiner Praxis höre ich vieles, auf das ich keine Antwort habe. Bei der Enkelfrage verschlägt es mir manchmal die Sprache, weil ich von so viel indirekter Wut und Härten höre, und die Handlungsunfähigkeit dieser Großeltern berührt mich sehr. Der Kontakt zu den Enkeln ist abhängig von dem, was ihre Eltern zulassen. Manche Großeltern finden einen Weg, sie schicken ihren Enkeln Postkarten. Andere schreiben eine Art Tagebuch, in dem sie Erlebnisse, Geschichten und Gedanken aufschreiben, etwas, was für die Enkel später von Bedeutung sein kann.

Kontaktabbruch bedeutet annehmen

Nach einem Resümee gefragt, kann ich heute sagen, und das hat auch mit meiner Lebenserfahrung zu tun: Sie als Betroffene dieser schwerwiegenden Familienzerwürfnisse werden nur, ich sage es vorsichtig, eine Linderung erleben, wenn Sie Ihr Lebensschicksal annehmen. Wenn Sie aufhören zu kämpfen. Ein Kampf gegen Windmühlen erschöpft, macht krank und zermürbt. Sie können es im Moment nicht ändern, Sie können es aber als Ihre momentane Familienrealität anerkennen. Momentan bedeutet: Geben Sie den erwachsenen Kindern Zeit. Ich weiß, erwachsene Töchter und Söhne müssen sich emanzipieren, brauchen Abstand, ehe sie zu ihren Wurzeln zurückfinden können. Das wird in vielen Fällen geschehen.

Nun trifft dieses Annehmen Jahrgänge, die ohnehin so vieles in ihrer Kindheit und Jugend ertragen mussten. Dinge, die man vor sich selbst verborgen hatte. Das »ganze Bild« verstehen, die eigenen Wurzeln sehen, bedeutet, dass die niedermachenden Schuld- und Schamgefühle sich in ein Mitgefühl mit sich selbst verwandeln. Wie schön wird es sein, wenn Sie mit sich selbst Frieden und Freundschaft schließen. Wie schön, wenn Sie sich selbst und Ihre Geschichte Stück für Stück annehmen werden und wenn Sie beginnen, gnädig mit sich selbst zu sein. Nicht mehr verleugnen, sondern die Wunden versorgen, jeden Tag ein bisschen mehr. Das zu tun bedeutet, sich selbst die Wertschätzung zu geben, die man immer bei anderen gesucht hat.

Wenn ich von Schicksal annehmen spreche, meine ich nicht, schreckliche Dinge wie Entwürdigung von Menschen, Hass, Rassismus, Niedertracht hinzunehmen und den Kopf zu senken. Im Gegenteil, dieses Buch ist ein Plädoyer, aktiv den Weg der Menschlichkeit zu gehen. Wir sehen in der Welt unbegreifliche Gewalt, Kriege und Traumatisierungen und wir wissen aus Erfahrung um die Folgen für die betroffenen Menschen, ihre Kinder und Kindeskinder. Wir Alten kennen die Folgen, das ist unser Schicksal, das wir nicht ändern können, denn wir sind Kinder unserer Zeit. Gleichwohl, das Lebensschicksal bekämpfen, schwächt, es aufrecht stehend anzunehmen, stärkt. Der innere Friede jedes Einzelnen ist Teil des Friedens, den wir suchen.

Mit einer kleinen Übung, wahrscheinlich der kleinsten überhaupt, die ich Ihnen anbiete, möchte ich dieses Buch beschließen.

Jeden Morgen nach dem Wachwerden, nehmen Sie sich und Ihren Körper wahr und sagen JA.

JA, ich nehme mein Schicksal, meine Geschichte an.

Weitere Literatur

Bücher

Atlas, Galit: *Emotionales Erbe. Eine Therapeutin, ihre Fälle und die Überwindung familiärer Traumata*, Dumont, 2023

Bode, Sabine: *Die vergessene Generation. Die Kriegskinder brechen ihr Schweigen*, Klett-Cotta, 2015

Bode, Sabine: *Kriegsenkel. Die Erben der vergessenen Generation*, Klett-Cotta, 2013

Bode, Sabine: *Nachkriegskinder. Die 1950er Jahrgänge und ihre Soldatenväter*, Klett-Cotta, 2015

Charf, Dami: *Auch alte Wunden können heilen. Wie Verletzungen aus der Kindheit unser Leben bestimmen und wir dennoch Frieden in uns selbst finden können*, Kösel, 2018

Dana, Deb: *Der Vagus-Nerv als innerer Anker. Angst und Panik überwinden, Ruhe und Stärke finden*, Kösel, 2022

Dana, Deb: *Arbeiten mit der Polyvagal-Theorie. Übungen zur Förderung von Sicherheit und Verbundenheit*, Probst, 2021

Haarmann, Claudia: *Kontaktabbruch in Familien. Wenn ein gemeinsames Leben nicht mehr möglich scheint*, Kösel, 2019

Haarmann, Claudia: *Mütter sind eben Mütter. Was Töchter und Mütter voneinander wissen sollten*, Kösel, 2019

Kolk, Bessel van der: *Verkörperter Schrecken. Traumaspuren in Gehirn, Geist und Körper und wie man sie heilen kann*, G. P. Probst, 2024

Konrad, Sandra: *Nicht ohne meine Eltern. Wie gesunde Ablösung all unsere Beziehungen verbessert – auch die zu unseren Eltern*, Piper, 2023

Konrad, Sandra: *Das bleibt in der Familie. Von Liebe, Loyalität und uralten Lasten*, Piper, 2014

Levine, Peter A.: *Vom Trauma befreien. Wie Sie seelische und körperliche Blockaden lösen*, Kösel, 2007

Levine, Peter A.; Maggie Phillips: *Vom Schmerz befreit. Entdecken Sie die Kraft Ihres Körpers, Schmerzen zu überwinden*, Überarbeitete Neuausgabe, Kösel, 2024

Maté, Gabor; Maté, Daniel: *Vom Mythos des Normalen. Wie unsere Gesellschaft uns krank macht und traumatisiert – Neue Wege zur Heilung*, Kösel, 2023

Otto, Anne: *Für immer Kind? Wie unsere Beziehung zu den Eltern erwachsen wird*, Edition Körber, 2022

Perry, Philippa: *Das Buch, von dem du dir wünschst, deine Eltern hätten es gelesen*, Ullstein, 2021

Porges, Stephen W.: *Die Polyvagal-Theorie und die Suche nach Sicherheit. Traumabehandlung, soziales Engagement und Bindung*, Probst, 2023

Siegel, Daniel J.: *IntraConnected. Mwe (Me + We) As the Integration of Self, Identity, and Belonging*, Norton, 2022

Wolynn, Mark: *Dieser Schmerz ist nicht meiner. Wie wir uns mit dem seelischen Erbe unserer Familie aussöhnen*, Kösel, 2017

Weitere Medien

Blake, Lucy; Bland, Becca; Golombok, Susan: Hidden Voices. Family Estrangement in Adulthood, University of Cambridge Centre for Family Research & StandAlone, 2015, www.standalone.org.uk/wp-content/uploads/2015/12/HiddenVoices.FinalReport.pdf (letzter Zugriff: 25.04.2024)

House, Allan O.; Andrews, Harry B.: Life events and difficulties preceding the onset of functional dysphonia, in: *Journal of Psychosomatic Research*, 1988, 32 (3), S. 311-19

Lutteroth, Jule: Verlassene Eltern. »Mein Kind hat mich doch mal geliebt«, in: *Spiegel Wissen* 2/2022, www.spiegel.de/familie/mein-kind-hat-mich-doch-mal-geliebt-a-774dc56e-0002-0001-0000-000207390133 (letzter Zugriff: 25.04.2024)

N.N.: Geboren zwischen 1930 und 1945. Daten, die die Generation der deutschen Kriegskinder beschreiben, 05.05.2020, www.mdr.de/geschichte/zeitgeschichte-gegenwart/politik-gesellschaft/generation-kriegskinder-studie-100.html (letzter Zugriff: 25.04.2024)

Prüfer, Tillmann: Konflikte mit Eltern. Wie schaffe ich es, meinen Eltern zu verzeihen, in: *Zeit online*, 28.06.2024, www.zeit.de/familie/2024-06/konflikte-eltern-wolfgang-schmidbauer-psychologie (letzter Zugriff: 01.07.2024)

Funkstille in der Familie. Wenn Kinder den Kontakt zu den Eltern abbrechen, in: Podcast *tabularasa – weg mit Tabus*, 28.2.2023, www.ardaudiothek.de/episode/tabularasa-weg-mit-tabus/funkstille-in-der-familie-wenn-kinder-den-kontakt-zu-ihren-eltern-abbrechen/sr-2-kulturradio/12406349/

Stambolis, Barbara: Wissenschaftliche Studie: Kindheit und Krieg – Langer Schatten des Zweiten Weltkriegs, www.daserste.de/information/reportage-dokumentation/kinder-des-krieges/daten-generation-kriegskinder-100.html (letzter Zugriff: 25.04.2024)